네트워크 마케팅 실전 대화법
소비자는 바보가 아니다

네트워크 마케팅의 **실전 대화법**

소비자는 바보가 아니다

도서출판 **LINE**

시작하며

　네트워크 마케팅은 사람과 사람이 함께하는 유통 사업입니다. 물론 다른 일반 유통도 사람이 하는 사업이지만, 유통 방식에서 차이가 있습니다.

　일반 유통은 TV와 언론매체의 광고를 통해 제품 유통이 이루어지지만 네트워크 마케팅은 입소문을 통해 제품 유통이 일어납니다. 네트워크 마케팅에서 입소문은 수천, 수억을 들이는 광고와 맞먹는 역할을 합니다.

　네트워크 마케팅에서 사람과의 관계는 처음 정보를 접할 때부터 시작됩니다. 주로 주변 지인에게 정보를 듣고 전문가를 통해 사업을 본 뒤 팀과 함께 사업을 진행합니다. 이처럼 네트워크 마케팅의 사업 진행에는 모두 '사람'이 관여합니다. 결국은 '사람이 답'입니다.

　그런데 신기하게도 사업을 결정한 사람들은 '사람' 때문에 고민에 빠집니다. 스스로 사업을 결정한 계기가 분명 있으면서도 그것을 까맣게 잊고 사람 만나기를 주저하는 것입니다. 사람을 만나는 일을 네트워크 마케팅에서 전문용어로 '컨택'이라고 하는데, 많은 사람이 컨택에 두려움을 느낍니다. 그렇기 때문에 사람을 만나 제품과 사업을 알리고 그들과 함께하는 것이 쉬운 일은 아닌 듯합니다.

이제 막 사업을 시작한 초보 사업자가 가장 궁금해하는 것이 바로 '사람과의 만남을 어떻게 잘 풀어갈 것인가' 하는 점입니다. 분명 기막힌 제품인데 그것을 사람들에게 어떻게 알리고 전달해야 하는지, 훌륭한 사업 정보를 어떻게 효율적으로 전달해야 하는지 등을 고민하는 것입니다. 이것이 그들에게 가장 풀리지 않는 숙제입니다.

여러 해 동안 사업을 진행한 전문가들은 이구동성으로 '행동' 만이 답이라고 말합니다. 소위 단순하고 무식하게 꾸준히 행동하라는 이야기입니다. 그것이 과연 명쾌한 해답일까요?
이 책은 그러한 고민을 해결하는 데 도움을 주고자 만들었습니다. 네트워크 마케팅 사업에 매력을 느껴 시작하고 싶은데 아는 사람이 없어 고민한다면 혹은 만남이 두려워 사업 진행에 어려움을 겪는다면 이 책에서 제시하는 방법을 한번 사용해보십시오. 분명 오랫동안 성과를 내지 못한 사업자도 큰 도움을 받을 것입니다.

네트워크 마케팅은 사람이 사람을 만나 제품과 사업을 전달하고 사람으로 이루어진 유통망을 만드는 사업입니다!

따라서 사람을 만날 때 느껴지는 두려움만 사라진다면 누구나 성공할 수 있습니다.

이 책에서 제시하는 대상별 실전 대화 방법을 익혀 실전에 활용한다면 당신은 분명 훌륭한 소통 전문가로 거듭날 것입니다. 이 책의 지식과 당신의 경험이 큰 자산으로 작용해 진정 원하는 성공을 이루기를 기대합니다.

만남은 요령입니다.
또한 만남은 확률입니다.

다양한 질문과 답변이 있지만 대략적인 틀은 유사합니다. 그것을 정리해 요약한 것이 이 책이므로 충분히 숙지하고 연습하십시오. 앞으로 만남이 즐거워질 것입니다.

> 만남은 **요령**입니다.
> 만남은 **확률**입니다.

Contents

시작하며 _ 06

제1장. **만남**을 위한 **준비**
1. 만남과 포기 중 어떤 것을 선택할 것인가 _ 12
2. 만나기 전 검토사항 _ 16

제2장. **대상별** 실전 **대화**
1. 가정주부 _ 32
2. 직장인 _ 51
3. 자영업자 _ 68
4. 사업가 _ 89

제3장. **대화시** 성공 확률을 높이는 **방법**
1. 만날 때 우선순위 정하기 _ 106
2. 대상별 공감대 이끌어내기 _ 110

마치며 _ 132

만남을 위한 준비

만남과 포기 중 어떤 것을 선택할 것인가

만나기 전 검토사항

만남을 위한 준비 1장

1. 만남과 포기 중 어떤 것을 선택할 것인가

　네트워크 마케팅은 진입장벽이 낮아 누구나 할 수 있는 사업입니다. 일반 사업처럼 많은 투자 자금이 들어가는 것도 아니고 학벌이나 특별한 재능이 필요한 것도 아니기 때문입니다. 그런데 아무리 비전과 인생 역전의 기회가 있어도 시작한 사람만큼 포기하는 사람도 많습니다.

　하나의 예를 들어보겠습니다.
　지인을 만나고 온 사업자가 스폰서에게 미팅을 요청합니다.

오전에 친구를 만났는데 단박에 거절당하고 다시는 만나지 않겠다고 다짐한 상황입니다. 영문을 모르는 스폰서는 사업자의 표정에서 심각성을 느낍니다.

"사장님, 무슨 일 있으세요? 표정이 심상치 않네요."

"아니, 이렇게 좋은 기회를 알려주는데 친구란 놈이 단박에 거절을 하잖아요. 다시는 만나지 않을 겁니다. 어찌나 자존심이 상하던지……. 저를 잡상인 취급을 하더군요."

많은 사람이 첫 만남에서 실패하면 또 다른 만남을 하기보다 포기를 선택합니다. 네트워크 마케팅에서 성공하려면 만남과 포기 중 어떤 것을 선택해야 할까요? 생각할 것도 없이 당연히 만남을 선택해야겠지요. 그런데 생각만큼 행동하기가 쉽지 않습니다. 왜 행동으로 옮기기가 쉽지 않을까요? 도대체 무엇 때문에 만남이 어렵게 느껴질까요? 그것도 사업을 포기할 만큼 말이죠.

네트워크 마케팅에 입문해 본격적으로 사업을 시작하면 우선 연락처를 꺼내 **접촉할 명단**을 정리합니다. 그다음 해야 할 일이 사람을 만나는 일입니다. 그러나 만남을 잘 하는 능력을 길러주는 교육을 시스템화한 회사는 별로 없습니다. 그저 가끔 오랜 경험자들의 노하우를 듣고 혼자 연습하는 것에 경험을 더할 뿐입니다. 여기에다 사업자들이 전문가가 아닌 일반인이다 보니 더욱더 만남이 어렵고 낯설게 느껴질 수밖에 없습니다.

어쨌든 네트워크 마케팅 사업에서 성공하려면 '소비자와의 만남은 어렵다'는 고정관념을 극복해야 합니다. 가장 좋은 방법은 **예상 질문**을 미리 정리해 실전처럼 연습하는 것입니다. 실제로 보험이나 세일즈 회사에서 하는 대화 시뮬레이션을 스폰서와 함께 연습해보는 것이 제일 좋습니다. 무엇보다 만남 연습은 자신의 의지로 실패가 아닌 성공을 선택하도록 도와줍니다.

사업 초기에 만남을 위한 준비, 실전 같은 만남 연습을 철저히 하면 누구나 빠르게 성공을 거둘 것입니다. 용기를 내십시오. 이 책을 읽는 당신도 스폰서와 만남을 통해 동기를 부여받아 사업설명회에 참석한 것입니다. 과거의 자신을 상기하면 사람을 만나는 것이 두렵지만은 않을 것입니다.

만남과 대화 능력은 충분한 연습으로 키울 수 있습니다. 드라

마 배우가 대본을 보면서 연습하는 장면을 상상해보십시오. 자기 역할에 푹 빠져 혼신의 힘을 다하는 명배우를 떠올려보십시오. 당신도 배우처럼 대본을 들고 연습하십시오.

"당신은 명배우입니다."

> **이 책을 읽는 당신도
> 스폰서와 만남을 통해 동기를 부여받아
> 사업설명회에 참석한 것입니다.
>
> 과거의 자신을 상기하면 사람을
> 만나는 것이 두렵지만은 않을 것입니다.**

2. 만나기 전 검토사항

일단 사업을 시작하기로 결정했다면 원활한 사업 진행을 위해 본격적으로 몇 가지 사항을 준비해야 합니다. 나를 알고 상대방을 알면 '백전백승'이라는 말이 있듯 내가 하는 네트워크 마케팅 사업이 어떤 일이고 어떻게 사업을 진행하는지, 만남을 어떻게 해야 하는지 알면 성공 확률이 높아집니다.

다음은 만남에 앞서 당신이 반드시 알아야 할 내용입니다. 준비사항은 사업을 안내해주는 스폰서와 함께 꼼꼼히 체크하십시오.

1) 네트워크 마케팅을 정확히 알자.

원활한 사업 진행과 성공적인 만남을 위해서는 내가 어떤 일을 하고 있는지 정확히 아는 것이 중요합니다. 사람들을 처음 만나면 가장 많이 듣는 말이 이것입니다.

"그게 뭔데?"

이 질문은 '네가 하는 것이 어떤 일인데?' 혹은 '어떻게 돈을 벌 수 있어?'라고 묻는 것과 같습니다. 이런 질문을 받으면 당신은 짧고 명확하게 대답할 수 있어야 합니다. 이를 위해서는 네트워크 마케팅이 어떤 일인지 정확히 알아야 합니다.

요즘에는 인터넷을 통한 정보 검색이 아주 편리해서 검색창에 '네트워크 마케팅'을 검색하면 그 의미를 정확히 알 수 있습니다. 또한 회사의 교육 시스템에 참석해도 빠르고 정확한 이해가 가능합니다.

네트워크 마케팅의 본질은 이렇습니다.

네트워크 마케팅은 생산자·소비자의 욕구와 시대적 변화가 만들어낸 **신유통**으로 한마디로 **시대적 트렌드**입니다. 교통과 통신이 덜 발달해 사람들이 이동에 제약을 받던 과거에는 재래식 유통을 통해 먼 지역까지 제품을 공급했습니다. 이때 생산자는 중간 유통(총판·도매·소매)의 도움을 받아 판매를 촉진했고 소비자는 필요한 제품을 공급받았습니다.

하지만 21세기 들어 교통 발달과 나날이 성장하는 인터넷 덕분에 생산자와 소비자 모두 효율적인 유통 방법을 선택하고 있습니다. 따지고 보면 중간 유통은 단순히 유통의 편의만 제공할 뿐 제품의 질과 가격에는 마이너스 요소입니다. 이제 세상이 일일 생활권으로 연결되고 택배 시스템이 발달하면서 여러 단계의 유통이 직거래 유통으로 변화하고 있습니다. 여기에다 친절한 인터넷은 제품 가격을 만천하에 공개해 소비자가 좀 더 저렴하게 제품을 구매하도록 돕고 있습니다. 나아가 과학과 기술 발달로 대량생산을 통한 공급 과잉이 발생해 판매 경쟁이 갈수록 치열해지고 있습니다.

이런 배경을 등에 업고 처음 등장한 것이 대형 할인마트입니다. 그 뒤를 이어 인터넷 쇼핑과 TV 홈쇼핑 그리고 네트워크 마케팅이 등장했습니다. 이들은 모두 직거래를 통해 소비자에게 동일 제품을 보다 싼 가격에 제공하게 되었습니다.

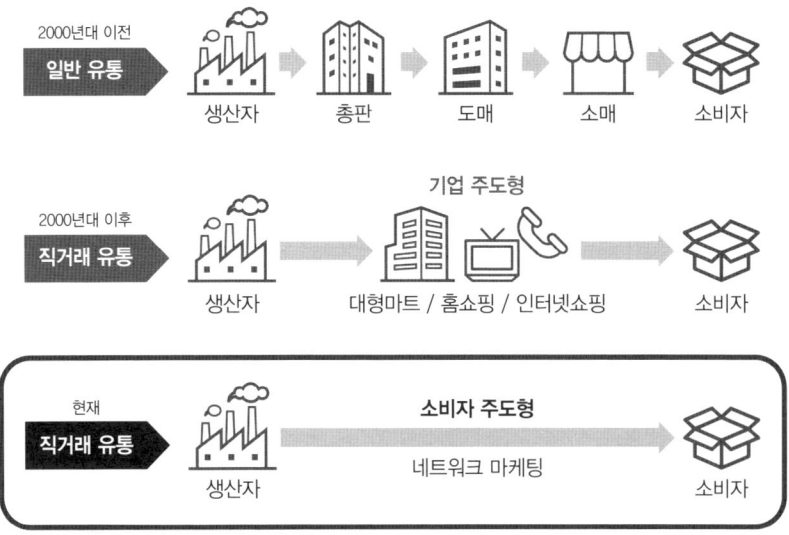

대형 할인마트, 인터넷 쇼핑, TV 홈쇼핑, 네트워크 마케팅은 모두 중간 유통을 없앤 덕분에 소비자에게 저렴한 제품과 다양한 혜택을 제공합니다. 그러나 **유통의 주체**는 다릅니다. 대형 할인마트, 인터넷 쇼핑, TV 홈쇼핑은 **기업 주도형 유통**인 반면 네트워크 마케팅은 **소비자 주도형 유통**입니다. 소비자의 입장에서는 네트워크 마케팅이 훨씬 더 이익인 유통입니다.

여기서 우리가 주목해야 할 것은 네트워크 마케팅이 유통의 한 종류라는 사실입니다. 네트워크 마케팅의 기능 중 하나는 제품을 생산자에게서 소비자에게로 전달하는 것인데, 유통 전문가가 유통을 담당한 기존 유통과 달리 네트워크 마케팅에서는 일반 소비자가 유통을 담당합니다. 즉, 유통 전문가가 아닌 일반 소비자가 제품을 유통하고 네트워크 마케팅 회사로부터 매출의 일정 부분을 현금으로 지급받습니다. 다시 말해 지금까지 **소비만 하던 소비자가 유통에 적극적으로 참여해 소득을 창출하는 시스템**입니다.

네트워크 마케팅 회사는 제품개발, 세무, 회계, 택배, 고객 상담을 담당하며 마케팅은 소비자에게 위임합니다. 소비자가 담당하는 마케팅에는 효과적인 제품 유통을 위한 일련의 과정인 홍보, 판매, 제품 교육이 모두 포함됩니다. 혹자는 네트워크 마케팅을 다단계나 방문판매로 생각하지만, 그것은 큰 오해입니다.

네트워크 마케팅은 법으로도 그 역할을 규정하고 있으며 '**법률 제2조 9항**'에 "**(네트워크 마케팅)사업자가 소득의 기회를 알선 제공한다**"라고 나와 있습니다.

결국 네트워크 마케팅 사업은 사람을 만나 소비자와 마케팅을 함께할 동업자를 찾는 일입니다. 아직도 많은 사람이 세일즈맨으로 오해하거나 불법적인 일로 생각하는데 그것은 잘못된 생각입니다. 네트워크 마케팅 사업자는 **마케팅 전문가입니다**. 누굴 만나든 당당하게 행동하십시오. 네트워크 마케팅에 대한 개념을 정확히 알면 누구든 부정과 거절에 현명하게 대처할 수 있을 것입니다.

2) 접촉 예상 명단은 성공 확률을 높인다.

　네트워크 마케팅 사업을 시작하면 가장 먼저 **명단**을 작성해야 합니다. 제품과 사업 기회를 알릴 대상이 있어야 하기 때문입니다. 전문가는 **보통 200명 이상**을 작성하라고 하는데 이는 많이 적을수록 사업 성과가 빠르기 때문입니다.

　가령 당신이 낚시를 한다고 가정해봅시다. 낚시를 하는 사람이 가장 먼저 고민하는 것은 물고기가 많이 잡힐 만한 '장소'를 선택하는 일입니다. '과연 어떤 곳에 낚싯대를 놓아야 물고기가 많이 잡힐까?'라고 생각하며 좋은 장소를 고르는 데 집중하는 것입니다. 여기서 물고기의 양이 바로 접촉 예상 명단에 오르는 사람의 숫자입니다. **물고기가 많아야 잡을 확률이 높은 것처럼 접촉 예상 명단에 오른 사람이 많아야 소비자나 사업자가 생길 확률이 높아집니다.**

　그다음은 목이 좋은 곳에 낚싯대를 많이 놓아둡니다. 이것은 만남 횟수를 늘리는 것과 같습니다. 마지막으로 인내심을 발휘해 꾸준히 만나면서 상대방과의 타이밍이 맞을 때를 기다리면 됩니다.

　접촉 예상 명단은 많으면 많을수록 좋기 때문에 모든 선입견을 배제하고 아는 사람은 다 적어야 합니다. 혹시 이름이나 연락처가 없어도 만나고 싶은 사람이 있으면 그들도 적습니다. '아이 친구 엄마', '우유 배달 아저씨' 처럼 본인이 알아볼 수 있는 방법으로 접촉 예상 명단에 추가합니다.

예상 명단을 최대한 늘리면 만남 횟수가 늘어나고 소비자나 사업자가 생길 확률이 높아집니다. 일단 접촉 예상 명단을 작성했다면 스폰서와의 명단 미팅을 통해 접촉 계획을 짜십시오. 그런 다음 이 책에 나오는 대상별 대화 방법을 숙지하십시오. 분명 만남에 대한 두려움이 사라지고 성공 확률은 대폭 높아질 것입니다.

3) 마이스토리를 작성한다.

당신의 '마이스토리' 는 사람을 만날 때 아주 요긴하게 쓰입니다. 예를 들어 상대방이 궁금해하는 것이 있을 때 만약 당신이 그것을 경험했다면 실감 나게 이야기해줄 수 있습니다. 여기서 그 경험이 바로 당신의 '마이스토리' 입니다.

상대방이 네트워크 마케팅 회사에 관해 물어보면 당신이 경험한 회사 이야기를 하십시오.

상대방이 궁금해하는 제품이 있다면 그 제품을 사용한 후기를 이야기하십시오.

당신이 만나는 상대방은 이론이나 지식을 듣고 싶어 하지 않습니다. 당신이 왜 제품을 쓰는지, 왜 사업을 하는지 등 당신의 마이스토리가 궁금한 것입니다.

이 책에 소개한 '실전 대화'에 당신의 마이스토리를 추가하십시오. 마이스토리는 다양할수록 좋습니다. 제품, 사업, 보상, 꿈, 사업을 하게 된 계기, 비전 등에 대해 다양한 이야깃거리를 준비하십시오. 반드시 자신의 마이스토리를 작성해 실전에 활용하십시오.

4) 비효율적인 대화, 만남을 피하자.

접촉 방법은 아주 다양합니다. 그런데 그중에는 절대 성공할 수 없는 방법도 있습니다. 다음의 방법은 흔히들 실수하는 접촉의 예로 반드시 피해야 합니다.

│ 첫째. 전화로 사업설명을 하는 것은 금물입니다.

명단 작성을 완료하면 보통 전화 접촉을 시작합니다. 전화 통화는 안부 인사를 나누고 만날 약속을 잡는 용도입니다. 그런데 초보 사업자가 가장 많이 하는 실수가 '전화로 사업 설명하기'입니다. 통화는 짧게 안부를 물어본 뒤 약속을 잡고 바로 끊는 것이 좋습니다. 전화 통화가 길어지면 상대방에게 흔히 듣는 말이 있습니다.

"그게 뭔데?"

절제와 통제력이 약한 초보 사업자는 그 말에 바로 넘어갑니다. 무언가 이상하다는 것을 눈치 챈 상대방은 전화를 끊으려 하고 사업자는 그 경험이 두려움으로 작용해 전화 통화가 싫어집니다. 전화 통화는 용건만 간단히 말해야 합니다. **안부 인사와 만날 약속만 잡으십시오.**

│ 둘째. 여러 명이 모인 자리에서는 사업 이야기를 하지 않아야 합니다.

만나는 사람이 많으면 좋지만 여러 명을 동시에 접촉하려는 욕심은 버려야 합니다. 이것 또한 흔히 하는 실수인데 초보 사업자는 회사 모임, 동창 모임에 나가서 많은 사람 앞에서 사업 이야기를 합니다.

여러 사람 앞에서 이야기하는 용기는 대단하지만, 이것은 무모한 용기입니다. 듣는 사람이 많으면 의견도 다양한 법입니다. 그중에서 한 명이라도 부정적인 의견을 내놓으면 분위기는 순식간에 얼어붙습니다. 부정은 항상 긍정의 위에 있기 때문입니다. 여러 명이 모인 자리에서는 그중 가장 긍정적이고 친화력이 있으며 리드하는 사람을 골라 다음에 따로 만나는 것이 좋습니다. 그 사람이 당신에게 호의적이면 다른 친구들도 당신에게 호의적일 가능성이 크기 때문입니다.

이 책에서 다루는 만남과 대화는 모두 '1대1'로 이루어집니다.

▌셋째. 진심 어린 관심으로 접촉해야 합니다.

성공적인 만남을 위해서는 무엇보다 **신뢰 쌓기**가 중요합니다. 신뢰는 곧 상대방에게 관심을 표한 결과입니다.

네트워크 마케팅 설명회에 참석한 초보 사업자는 설명회에서 큰 비전을 보고 즉시 만남을 시도합니다. 그러나 상대방은 생각만큼 쉽게 마음의 문을 열지 않습니다. 초보자와 만남에서 긍정적인 반응을 보이는 사람은 대체로 초보자와 신뢰가 깊은 사람입니다. 그래서 접촉 횟수에 비해 리크루팅에 성공하는 숫자가 적은 것입니다.

오븐에 빵을 굽는 과정을 생각해보십시오. 아무리 반죽을 잘해도 적당한 시간 동안 익히지 않으면 빵이 설익거나 타고 맙니다. 맛있는 빵을 만들기 위해서는 타이밍이 중요하듯 성공적인 만남을 하려면 **적정한 타이밍**을 기다려야 합니다. 그렇게 기다리는 시간이 상대와 신뢰를 쌓는 시간입니다.

진심 어린 관심으로 신뢰 쌓기를 하십시오. 사람은 관심을 보이는 이에게 호의적인 법입니다. 처음에는 인사만 해도 좋고 안부만 주고받아도 괜찮습니다. 지속적인 연락과 만남은 당신에 대한 경계를 해제하고 당신의 이야기를 들을 준비를 갖추도록 하는 과정입니다. **절대로 당신의 욕심을 앞세워 상대를 만나지 마십시오.** 상대는 느낌으로 그 욕심을 알아차립니다.

5) 초대를 위한 만남 갖기

만남은 '**초대**'를 위한 것입니다. 그래서 초보자도 용기만 내면 누구나 만날 수 있습니다. 어떤 사업자는 만날 때 제품이나 회사, 보상 설명을 늘어놓는 바람에 상대방의 호기심을 떨어뜨리고 급기야 거절당하고 맙니다. 그러면 사람을 만나는 것이 두려워지고 결국 사업을 포기하기도 합니다.

만날 때는 우선 **상대를 칭찬하고 이야기를 잘 들어주어야 합니다.** 여기에다 할 말만 하는 **절제력**이 필요합니다. 그래야 상대방이 호감과 호기심을 보입니다. 상대의 선입견은 곧 거절을 부릅니다. 앞에서 언급한 '마이스토리'를 통해 **네트워크 마케팅에 대한 호기심을 유발**하고 바로 초대하십시오.

상대가 초대에 응하지 않으면 다음을 기약하면 됩니다. 다음에 당신이 성장한 모습을 보여주면 그것 자체가 호기심을 유발할 것입니다. 그때 다시 한 번 초대하면 응할 확률이 높습니다.

다시 말해 만남의 목적은 초대에 있습니다. 그러므로 어디에 어떻게 초대할지 명확한 계획을 세우고 초대해야 합니다. 다음 장의 '대상별 실전 대화'를 보면 스폰서 또는 사업설명회는 대화의 마지막에 언급하고 있습니다. 이것이 만남을 성공적으로 만드는 무기입니다. 만남 장소에서 모든 것을 보여주려고 하지 마십시오. **상대방은 사업설명회나 스폰서와의 만남에서 많은**

것을 보고 느낀 뒤 결정할 것입니다.

　여기까지 대략적인 준비를 끝내면 이제 실전에 들어갑니다. 만남 연습을 하는 것입니다. 다음 장에서는 1 대 1 만남의 상황과 예상 질문을 다루고 있습니다. 그 내용을 하나하나 꼼꼼히 살펴보고 앞으로 만날 대상에 대해 잘 준비하십시오. 그러면 만남의 두려움은 사라지고 사람을 만나는 것이 즐거워질 것입니다.

NETWORK MARKETING

대상별 실전 대화

가정주부

직장인

자영업자

사업가

대상별 실전 대화
2장

    네트워크 마케팅은 그 본질을 알면 누구나 성공할 수 있는 사업입니다. 특히 돈, 능력, 신분, 성별에 따른 차별을 두지 않기 때문에 누구에게나 기회의 문이 열려 있습니다. 네트워크 마케팅은 불과 몇 년 전까지만 해도 피라미드라고 오해받았으나 직접 판매협회와 네트워크 마케팅 회사 등의 꾸준한 노력으로 사회적 인식이 빠르게 바뀌고 있습니다. 그런데 정작 일선에서 네트워크 마케팅 사업을 펼치는 많은 사람이 직업에 대한 정확한 기준이 없어 실패하거나 포기하는 사람이 많은 실정입니다.

과연 네트워크 마케팅은 어떤 일일까요? 단순한 제품 판매 사업일까요?

앞서 말했듯 **전문가도 네트워크 마케팅을 세일즈가 아닌 마케팅이라고 말합니다.** 사람을 만나 물건을 파는 것이 아니라 제품과 사업 정보를 알리기 때문입니다. 나아가 마케팅을 함께하자고 권하는 일입니다. 즉, 사업자는 팀을 만들어 함께 제품을 사용하고 제품과 사업을 또 다른 사람들에게 전합니다. **소비자와 사업자 발굴은 자신의 시간적, 경제적 자유의 근원입니다.** 만남이 중요한 이유가 여기에 있습니다. 어떻게 하면 사람을 효율적으로 만나서 빠른 공감대를 형성할 수 있을까요?

다음은 여러 대상과의 만남에서 이어지는 예상 질문과 간략한 답변을 모은 것입니다. 모범 답안을 숙지하면 당신은 대상에 따라 다양한 접촉 능력을 키울 수 있습니다.

1. 가정주부

얼마 전부터 네트워크 마케팅 회사의 제품을 사용하기 시작한 사랑 씨는 지난주 그 회사의 사업설명회에 참석했습니다. 제품을 사용해보니 생각보다 효과가 좋아서 그녀는 제품을 전달한 지인의 권유로 사업설명회에 두 번 참석했습니다.

사업설명회를 듣다 보니 사랑 씨의 머릿속에 떠오르는 사람이 있었습니다. 그래서 오늘 그 사람을 찾아가 보기로 했습니다. 그 사람은 바로 아파트 옆 동에 사는 동갑내기 소원 씨입니다. 사랑 씨와 소원 씨는 평소에 스스럼없이 자주 왕래하는 사이입니다. 소원 씨에게 전화를 걸자 반갑게 인사하며 바로 놀러 오라고 합니다.

사랑 씨가 초인종을 누르자 소원 씨가 반갑게 문을 열어줍니다.
"사랑아, 어서 와. 지난주엔 뭘 하느라 연락이 없었어?"
평소에 자주 연락하던 사랑 씨가 지난주에 회사설명회에 참석하느라 연락이 뜸했던 것입니다.
"왜? 혼자 재미있는 일을 했을까 봐? 궁금했어?"
사랑 씨가 능청스럽게 말하자 소원 씨가 대답합니다.

"그러셨어요? 친구님~."

소원 씨는 사랑 씨를 거실로 안내했고 거기에 간단한 다과가 차려져 있었습니다. 마주 보고 앉자마자 소원 씨가 바로 물어봅니다.

"사랑아, 지난주에 무슨 일이 있었는데?"

사랑 씨는 생각보다 적극적인 소원 씨의 질문에 잠시 머뭇거렸습니다.

"내가 지난주에 무엇을 했냐면……."

이렇게 말을 꺼낸 사랑 씨는 그 순간에도 어떻게 이야기해야 소원 씨가 잘 받아들일지 걱정 반, 고민 반입니다. 생각 끝에 사랑 씨는 제품 이야기부터 하기로 합니다.

"소원아, 내가 얼마 전에 화장품을 바꿨잖아."

소원 씨가 자연스럽게 물어봅니다.

"그래? 써보니 좋았어?"

"그래, 사용해보니까 생각보다 좋더라고. 그래서 제품을 추천해준 분 소개로 회사설명회에 참석해봤어."

소원 씨가 궁금한 눈빛으로 계속 사랑 씨를 바라봅니다.

"그게 어떤 제품인데? 네가 거기에 왜 갔는데?"

"제품을 소개해준 분이 좋은 제품을 사용하면서 돈도 벌 수 있다고 해서. 이왕 사용하는 제품이니 어떻게 하면 돈도 벌 수 있을까 해서 한번 가본 거야."

소원 씨는 다시 질문을 합니다.

"어떤 회사인데?"

이 질문에 사랑 씨는 가슴이 두근거립니다. 그리고 조심스럽게 대답합니다.

"소원아, 혹시 ○○회사 들어봤어?"

이미 알고 있다는 듯한 표정으로 소원 씨가 대답합니다.

"아~ 그 회사! 다단계 회사잖아."

올 것이 왔습니다. 사랑 씨가 걱정하던 상황이 온 것입니다.

만약 여러분이라면 이런 상황에서 어떻게 이야기를 진행하겠습니까? 어떻게 하면 상대방에게서 좋은 반응을 이끌어낼까요? 그 모범 답안을 알려드리겠습니다.

소원 **그거 다단계잖아?**

사랑 답변①

그래 다단계 회사 맞아. 그런데 다단계에 대해 어떻게 생각해?

(상대방의 이야기를 충분히 들은 후)

나도 처음에는 그렇게 생각했어. 그래서 제품만 쓰려고 했지. 그런데 내 외모가 변하니까 궁금하더라고. 그때 제품을 전해준 지인이 회사설명회에 같이 가보자고 해서 따라가 봤어. 거기서 **전문가를 만나 그전에 몰랐던 사실을 알게 됐지.** 지금까지 우리는 열심히 소비만 했는데 소비를 하면서 돈도 버는 방법이 있다는 거야. 우리가 알고 있던 다단계 회사가 네트워크 마케팅하는 데 그 마케팅이 **소비하면서 돈도 벌 수 있게 해준대.** 생각해보니 제품이 정말 좋으니까 주변에 **소개**하면 같이 사용하는 사람들이 늘어날 것 같더라고.

사랑 답변②

맞아, 다단계 회사야. 그런데 우리만 모르는 사실이 있었어. 요즘엔 많은 사람이 마트나 TV 홈쇼핑에서 물건을 사잖아. 왜 그렇지? 그건 백화점이나 가게에서 사는 제품을 더 저렴하게 살 수 있기 때문이야. **정직한 직거래 유통으로 가격**

이 싸지는 거지. 우리가 아는 다단계가 네트워크 마케팅이라고 하는데 **직거래 유통으로 제품의 질도 좋고 가격도 합리적이라는 거야.** 그래서 내 모습이 좋아졌나 봐. 너도 알잖아 내가 신중한 거……. 지난주에 조용히 지인을 따라가서 회사설명회를 들었는데 내가 모르던 사실을 알고 나니 너에게도 보여주고 싶었어. 다음에 갈 때 같이 가보자. '**백문이 불여일견**'이라고 직접 보고 들으니까 내 무지함이 깨졌어. 너도 같이 들어보면 깜짝 놀랄 거야.

소원

네트워크 마케팅 제품은 비싸다고 하던데?

사랑

답변①

왜 네트워크 마케팅 제품이 비싸다고 생각하지?
(상대방의 이야기를 충분히 들은 후)
그렇게 생각하는구나. 나도 처음에 품질은 좋은데 약간 비싸다고 생각했지. 그래서 일반 제품과 비교해 봤어. 그때 알게 된 사실이 일반 제품은 싼 이유가 있더라고. 많은 제품이 몸에 좋은 **유효성분**은 적게 넣고 합성첨가제 등으로 양을 늘리고 있어. 그리고 판매 경쟁이 치열하다 보니 성분보다 광고나 제품 케이스에 비용을 훨씬 더 많이 투자하고 있어. **유통비와 광고비보다 원가를 낮추는 거야.** 성분을 비교해 보면 확실히 차이를 알 수 있어. 요즘은 제품 정보가 많이 공개되어 차이점을 쉽게 알 수 있더라고. 그래서 나는 결정했어. **나와 가족이 사용할 제품인데 이왕이면 안전하고 가격이 합리적인 네트워크 마케팅 제품을 사용하기로……**.

사 랑
답변②
우리 가족의 건강을 돈과 바꿀 수 있다고 생각하니? 그것도 몇천 원, 몇만 원 차이로? 네트워크 마케팅 제품이 꼭 비싸다고 할 수는 없어. 그냥 **제품 원료에 따라 정직하게 책정된 것뿐이야.** 어떤 사람은 판매원에게 수당을 줘야 하기 때문에 그 수당이 제품가격에 포함되어 있어서 가격이 비싸다고 하지. 그건 몰라서 하는 말이야. **네트워크 마케팅 제품은 소비자와 직거래하고 광고비, 유통비를 줄여 제품에 좋은 원료를 사용해.** 이런 좋은 제품을 백화점이나 오프라인 매장에서 사려면 훨씬 비싸게 사야 한대. 네트워크 마케팅은 **고급 제품의 대중화**를 선도하고 있는 거야. 직접 발라보고 먹어보고 사용해보면 절대 비싸다고 말하지 못할 거야.

소원 그렇게 좋은 제품이면 광고해서 파는 것이 더 좋을 텐데.

사랑 답변①
당연하지. 이렇게 좋은 제품이 TV 홈쇼핑에 나오면 대박일 거야. 그런데 그 사실 알아? 이런 제품을 유통업자나 광고매체를 통해 팔면 정작 제조회사보다 중간업체가 돈을 훨씬 더 많이 번대. 조사 결과에 따르면 제조회사가 일반 유통회사가 아니라 네트워크 마케팅 회사와 유통할 때 더 큰 수익이 발생한다네. 나도 광고해서 많이 팔면 되는 줄만 알았는데, 실제로 중간 유통비가 해마다 늘어나 제조회사들은 원가를 줄일 수밖에 없대. 그래서 **많은 기업이 네트워크 마케팅을 하고 싶어 하고 실제로 몇몇 대기업은 네트워크 마케팅, 다단계 판매 사업을 준비하고 있대.** 나도 그 사실을 알고 깜짝 놀랐어.

사랑 답변②
미국에서 광고비가 가장 비싼 TV 시간이 언제인지 알아? 슈퍼볼(미식축구) 중계할 때야. 광고비가 천문학적이라고 하더라고. 그렇게 기업들은 제품을 많이 팔기 위해 엄청난 광고비를 쏟아붓지. 그런데 **광고비와 유통비를 쏟아붓는다고 제품의 질이 더 좋아지는 걸까? 또 잘 팔기 위해 제품 포장**

에 많은 돈을 투자한다는데 포장이 제품의 질과 큰 연관이 있을까? TV 광고 모델이 우리의 피부를 책임지는 건 아니잖아? 차라리 광고비와 유통비를 줄여 품질을 높이고 가격도 합리적인 제품이 우리에게 좋지 않을까? 내가 알아보니 네트워크 마케팅 제품이 바로 그런 제품이야. 그래서 한 번 사용한 소비자들의 제품 충성도가 높고 굳이 광고하지 않아도 **입소문**만으로 잘 팔려나간대. 회사는 비용을 줄여서 좋고, 소비자는 입소문을 통해 돈을 벌 수 있어서 좋은 거야.

소원 **그래도 매장에서 직접 사는 게 편하잖아.**

사랑 답변①

많은 사람이 그렇게 생각하지. 혜택을 잘 모르니까 그런 거야. **너는 편리한 것과 혜택이 많은 것 중에서 어느 쪽이 더 좋아?** 나는 혜택이 많은 쪽이 더 좋은데. 네트워크 마케팅 제품은 품질이 일반 제품에 비해 훨씬 좋고 가격도 **중저가**야. 회원으로 가입하면 소비자가에서 30% 정도 할인해서 살 수 있지. 전화나 인터넷 주문도 할 수 있어서 시간을 내서 사러 갈 필요도 없어. 가장 좋은 것은 **소개하면 돈도 벌**

수 있어. 소개 캐시백까지 포함하면 훨씬 저렴하게 사용할 수 있는 셈이지. 만약 너는 제품이 진짜 좋으면 가족이나 지인에게 제품을 알리겠지? (대부분 "예"라고 한다.) 한 명, 두 명에게 알리다 보면 그들도 너처럼 충성고객이 될 거야. 회사는 그런 **충성고객**을 만들어준 것에 대한 감사의 뜻으로 현금 캐시백을 주는 거고.

사 랑
답변②

생각해봐! 몇 년 전만 해도 우리가 TV에서 옷을 살 거라고 생각지 못했잖아. 나도 그런 일은 절대 불가능할 거라고 생각했지. 그런데 요즘은 TV 홈쇼핑에서 많은 제품을 팔잖아. 혜택도 정말 많고. 지금은 사람들이 그것을 편하고 합리적이라고 생각해. 네트워크 마케팅도 TV 홈쇼핑처럼 편리하고 가격도 합리적이야. 특히 품질이 좋아서 네가 사용해보면 만족할 거야. 또 하나는 **TV 홈쇼핑 제품은 기업만 돈을 벌지만, 네트워크 마케팅은 우리 같은 소비자가 돈을 벌 수 있어.** TV 홈쇼핑의 쇼호스트는 제품을 많이 팔기 위해 사전에 모두 사용해본다. 판매한 만큼 자신도 수익을 많이 가져가니까. 네트워크 마케팅에서는 우리가 **쇼호스트**가 되는 거야. 내가 써보고 입소문을 낸 만큼 현금소득을 많이 가져갈 수 있어.

소원 결국 잘 팔아야 하는 거잖아.
나는 파는 것은 자신 없는데……

사랑 답변①
쇼호스트의 예를 오해했구나. 내가 만약 오늘 너에게 판매하러 왔다면 물건을 들고 와서 이것저것 설명을 했겠지. 그럼 네가 불편해하지 않았을까? **내가 너에게 같이 제품을 판매하자고 하는 것이 아니야. 너도 네 나름대로 관심 있는 제품을 사용하고 있을 텐데 그 제품을 바꿔 써보라는 거야.** 내가 사용하는 제품으로……. 분명 효과도 좋고, 다른 사람에게 소개하면 공짜로 쓸 수도 있어.

사랑 답변②
나도 파는 것은 자신 없어! 대신 사용해서 효과를 본 제품에 관해서는 이야기할 수 있지. 제품이 좋으니까 너에게 같이 사용하자고 말하는 거야. 너도 사용해보고 좋으면 분명 주변에 알리고 싶을 거야. 그렇게 우리가 **입소문**을 내고 같이 쓰는 사람들이 많아지면 네트워크 마케팅 회사는 그 입소문의 대가로 우리에게 **현금 캐시백**을 줄 거야. 어차피 사용해야 하는 제품인데 좋은 제품을 써서 예뻐지고 돈도 벌면 좋잖아.

소원 **나는 아는 사람이 없어서 그런 것 못해.**

사랑 답변①
네트워크 마케팅은 아는 사람이 적어도 괜찮아. 심지어 아는 사람이 한두 명 또는 가족만 있어도 가능하지. 몰랐지? (대개 상대방은 몰랐다고 한다.) 왜냐하면 제품을 판매하는 것이 아니라 바꿔 쓰기만 하면 되기 때문이지. 평소에 쓰는 화장품, 건강식품, 생활용품을 **네트워크 마케팅 제품으로 바꿔 써봐.** 일반 제품보다 품질도 뛰어나고 성능 대비 가격도 월등히 저렴해. 제품을 잘 쓰다 보면 분명 가족이나 지인 중 한 명은 **변화**를 알아볼 거야. 그 사람을 우리와 똑같이 바꿔 쓰게 하는 거야. **이것이 사업의 시작이야.** 사용하고 있는 제품 중에서 다 쓰거나 관심 있는 제품이 있지? 그것부터 바꿔 써보자.

사랑 답변②
아는 사람이 많으면 좋지 않을까? (많은 사람이 '네'라고 한다) 네트워크 마케팅 사업은 아는 사람, 친한 사람을 많이 만들 수 있어. 결혼해서 잘 알겠지만, 가족을 돌보느라 친했던 친구들도 보기 힘들잖아. 그리고 남편과 자식들이 내 맘 같지 않잖아. **네트워크 마케팅은 가족보다 더 친한 사람을 많이 만들 수 있는 일이야.** 왜냐하면 많은 사람과 친해질 수 있는 특별한 프로그램이 있기 때문이야. 나도 지금 그 프로그램을 배우기 시작했는데 같이 배워보자. 네트워크 마케팅을 하든 하지 않든, 우리에게 도움이 될 거야.

소원 **<u>예전에 친구가 하다가 그만두었어.</u>**

사랑 **답변①**
그래? 왜 그만두었지?

(상대방의 이야기를 잘 들은 후)

그랬구나. **내가 이 사업을 검토하게 된 이유는 제품과 사업 정보를 알려주신 분이 이쪽에서 대단한 전문가이기 때문이야.** 어찌나 겸손하고 친절하게 안내해주시는지……. 그분과 함께하는 그룹 식구도 직접 만나보니 친절하고 편하게 대해주더라고. 성공하신 분이라 그런지 이 사업을 바라보는 시각도 달랐어. **가장 좋았던 것은 그분 덕분에 잊고 있던 꿈을 되찾고 그 꿈을 이룰 방법을 자세히 배웠다는 거야.** 나더러 세일즈맨처럼 판매에 집중하는 것이 아니라 교육 시스템에 집중하면 성공이 빠르다고 하셨어. 너도 잘 생각해봐! 진짜 이루고 싶은 꿈이 있을 거야. **네트워크 마케팅으로 함께 꿈을 이뤄보자.**

사 랑 　답변②

그런 일이 있었구나. 그 친구는 참 안됐네. 내 주변에도 그런 사람이 있었어. 그래서 나도 처음에는 좀 망설였는데 설명회에 참석해서 객관적으로 내용을 듣고 네가 질문한 것을 다 물어봤어. 사람마다 포기하는 이유가 다 있대. **사업의 본질을 모르고 방문판매나 세일즈처럼 해서 그런 거래.** 네트워크 마케팅은 작게 시작해서 크게 성공하는 일인데 돈만 보거나 하루아침에 일확천금을 버는 일처럼 생각하는 거지. 나를 도와주는 사장님이 말씀하길 먼저 사업을 배우고 충분히 준비하면 사업을 잘 진행할 수 있대. **이 사업을 보는 안목이 높으신 분이니 나중에 너에게 소개해줄게. 네가 사업을 하든 안 하든 만나보면 큰 도움이 될 거야.**

소 원

나는 말재주가 없는데.

사 랑 　답변①

나는 말을 잘하는 사람을 찾는 게 아니야. **너처럼 사람들과 어울리기를 좋아하는 사람이면 돼 (꿈이 있는, 열정이 있는, 신중한, 배움을 좋아하는 등).** 그리고 우리가 함께 배우면 시스템에서 다 가르쳐줄 거야. 오히려 정말 필요한 것은 말을 잘하는 능력이 아니라 시간이야. **일주일에 4~8시간이면 충분해.** 나도 지금 그 정도 시간을 내서 네트워크 마케팅을 알아보고 있으니까. 우리 함께 알아보자. 내가 그랬듯 너도 가서 보면 판단력이 생길 거야. 가서 제품도 직접 테스트해보면 더 좋아. 나도 처음에 그렇게 시작했어.

사 랑 답변②

나도 말을 잘하지 못하는 것 너도 알잖아. 특히 일로 사람을 상대할 때는 더 그렇고. **그래서 나도 처음에 전문가한테 물어봤어. 그랬더니 이렇게 얘기하더라고. 일반 세일즈는 말을 잘할수록 좋지만 네트워크 마케팅은 정직할수록 좋다고. 다시 말해 네트워크 마케팅은 제품을 파는 일이 아니라 스스로 제품을 잘 사용하고 그 사용 후기를 정직하고 진지하게 주변 사람에게 알리는 일이라는 거야.** 네가 지금 사용하는 제품 중에서 가장 좋아하는 제품에 관해 이야기해줄 수 있지? 아마 가르쳐주지 않아도 알아서 잘 이야기할 거야. 나도 네트워크 마케팅 제품을 사용하고 감동을 받아 너에게 알려주는 거야. 그런데 무슨 말하는 능력이 필요하겠니?

소원 ## 남편이 돈을 잘 벌기 때문에 괜찮아.

사랑 〔답변①〕

좋겠네. 능력 있는 남편을 만나서. 그럼 돈 관리는 누가 해? (답변을 충분히 들은 후)

그렇군. 가정에서는 대개 돈을 버는 쪽이 경제권을 쥐고 있잖아. 남편에게 돈을 타서 쓸 때 가끔 짜증 나지? 왜 있잖아, 마음대로 쓰지 못해서 짜증 나는 거. 눈치 보느라 너 자신을 위해 제대로 쓰지 못하지? **현명한 여자들은 미래를 대비해 조금씩 돈을 모은대.** 내가 도와줄 테니 같이 네트워크 마케팅에 대해 알아보자. **돈을 벌면 너를 위해 쓸 수 있고 남편도 좋아할 거야.**

사랑 〔답변②〕

만족하며 산다니 좋겠다. 그런데 **추가소득이 생기면 더 좋지 않을까?** 어려운 일은 아니야. 여유가 있으니 이번 기회에 남편과 아이들을 위해 좋은 제품으로 바꿔보는건 어때? 우리 가족도 사용하는 제품인데 모두 좋아해. 사용해 보고 마음에 들면 같이 사용할 사람을 소개해줘. 한 집, 두 집 소개하면 추가소득이 짭짤할 거야. 나도 그렇게 시작했고 지금은 적극적으로 사업을 진행하고 있어. 돈 벌면 나한테 한턱 내!

소원

내가 다단계를 한다고 하면 남편이 싫어할 거야.

사랑

답변①

남편이 싫고 좋고를 떠나 먼저 현실을 보자. 남편은 본인의 수입에 만족해? 남편은 언제까지 일할 수 있을까? 너는 지금 사는 것에 만족해?

(상대방의 이야기를 충분히 들은 후)

그렇구나. 만약 남편이 일을 못 하게 되면 너와 아이들은 어떻게 될까?

(상대방의 이야기를 충분히 들은 후)

네트워크 마케팅은 **신개념 유통**이라 잘 모르는 사람이 많은데 남편이 전문가를 만나면 허락할 거야. 내 주변에서도 부부가 함께 알아보더니 남편이 부인에게 적극적으로 권했어. **너도 남편과 함께 회사설명회에 참석해봐.** 아마 남편이 너에게 해보라고 할 거야. 그래도 좀 부담스러우면 네가 먼저 나와 함께 들어보자. 남편 문제는 그 후에 생각해보자. **내가 적극적으로 도와줄게.**

사랑

답변②

다단계가 뭐라고 생각하는데?

(상대방의 이야기를 충분히 들은 후)

그렇게 생각하는구나. **나도 처음에는 그렇게 생각해서 평생 제품만 쓰려고 했어.** 그런데 어느 날 남편이 내 변화를 알아봤어. 자기도 몸이 좋아졌다고 하면서 제품에 관해 물어보는 거야. 기분이 좋아서 제품을 알려준 지인에게 이야기했더니 회사설명회에 초대하더라고. '어차피 평생 쓸 제품인데'라고 생각하면서 딱 한 번만 들어보려고 회사설명회에 갔는데 거기서 놀라운 사실을 알게 됐어. **너와 네 남편도 참석해보면 나랑 다르지 않을 거야.** 어떤 것을 먼저 해볼까? 제품을 먼저 체험해볼까, 아니면 나와 함께 회사설명회에 참석해볼까? 둘 다 경험해봐. 그러면 좋은 일이 생길 거야. 앞날은 모르잖아!

소원

내가 어떻게 하면 되는데?

사랑

답변①

아주 좋은 질문이네. 이해하기 쉽게 세 가지로 나누어서 말해줄게. 처음에는 내가 추천하는 제품을 정확히 사용해보고 함께 사용하고 싶은 사람을 소개해줘. 그리고 나와 함께 제품과 회사설명회에 참석하는 거야. **대략 한 달 정도는 자**

세히 알아보는 것이 좋아. 내가 옆에서 잘 도와줄게. 아, 나하고 또 한 분이 같이 도와줄 거야. **그분은 이 업계에서 성공하신 분(스폰서)인데 이 사업에 대해 자세히 알려주실 거야.** 설명회 끝나고 바로 만나보자. 내가 미리 말씀드릴게.

사 랑

답변②

이번 주 O요일과 O요일 중에서 언제가 좋아? 그때 회사 설명회가 있는데 성공자가 직접 설명하는 자리야. 네가 성공에 관심이 있어서 물어봤으니 성공 노하우를 알려주는 설명회에 초대할게. 직접 참석하면 '**앞으로 어떻게 해야 할지**' 그림이 그려질 거야. 궁금한 점은 설명회가 끝나고 강사에게 직접 물어볼 수 있어. 네가 좋은 기회를 잡았네. 역시 운이 좋아.

소 원

공부하는 것도 싫고 세미나 참석은 더 싫어.

사 랑

답변①

그래? 그럼 **사람을 소개해줘. 건강이나 외모에 투자하는 사람, 성격이 좋아서 인맥이 좋은 사람, 돈을 벌고 싶어 하는 사람을 소개해줘.** 그리고 너는 당분간 제품을 바꿔서 열심히 써봐. 소개하고 또 소개하면 그중에 나같이 적극적인 사람이 나타날 거야. 그때는 꼭 같이 해보자. 나와 그 사람 때문에 너도 좋은 일이 생길 거니까!

사랑 답변②
부자들은 지금도 배우고 공부한대. 한 통계에 따르면 세계적인 부자 중 88%가 하루에 30분 이상 책을 읽고, 86%가 평생교육을 통해 자기 계발에 전념한대. 너도 부자가 되고 싶지! 우리 같이 부자를 만나보자. 전문가가 직접 안내하고 부자가 되고 싶어 하는 사람들이 모이는 곳(사업설명회)에 같이 가보자. 거기서 **성공자를 직접 만나보면 시각도 달라지고 미래도 달라질 수 있어.** 딱 한 번이면 돼. 다음 주 ○요일과 ○요일 중 언제가 좋아?

2. 직장인

얼마 전까지 중소기업을 다니던 열정 씨는 우연한 기회에 네트워크 마케팅 사업설명회에 참석했다가 큰 비전을 보았습니다. 다람쥐가 쳇바퀴를 도는 듯한 직장생활에 지친 열정 씨는 사업설명회에서 다시금 열정이 끓어올랐습니다. 열정 씨는 심사숙고 끝에 투잡으로 네트워크 마케팅 사업에 입문했습니다. 일과 시간에는 회사 업무에 집중하고 회사가 끝나기 무섭게 그룹 사무실로 뛰어가 미래를 위한 준비에 온 힘을 기울인 것입니다. 그는 스폰서에게 사업 전개 방법에 관해 물어보고 명단 작성과 접촉 준비에 여념이 없었습니다. 그리고 드디어 첫 만남을 갖게 되었습니다.

열정 씨는 네트워크 마케팅을 시작한 후 몇 번 통화한 인내 씨를 만나기로 했습니다. 인내 씨는 열정 씨의 대학교 동기입니다. 대학 졸업 후 2~3년 동안은 자주 만났지만 결혼한 뒤로는 서로 바빠지면서 연락이 뜸해졌습니다. 그런 인내 씨에게 열정 씨는 최근 연락을 시작했고 열정 씨가 반가웠던 인내 씨는 만남을 기다렸습니다.

일과가 끝난 평일 저녁, 열정 씨는 인내 씨의 회사 근처로 갔습니다. 약속 장소에 먼저 나와 있던 인내 씨는 열정 씨를 보자 환하게 웃으며 악수를 청했습니다.

"열정아, 정말 오랜만이다. 여전하네."

반기는 인내 씨와 악수를 한 열정 씨도 환한 미소를 지었습니다.

"인내야, 너도 여전하구나. 정말 오랜만이다."

둘은 자리에 앉아 맛있는 저녁 식사를 했습니다. 식사를 끝내고 열정 씨와 인내 씨는 커피 한 잔을 앞에 놓고 그동안 나누지 못한 이야기를 시작했습니다.

"열정아, 그동안 어떻게 지냈어? 얼마나 바빴기에 이제야 연락한 거야?"

"사는 게 다 그렇지 뭐. 너야 대기업에 다니니까 갑의 입장이라 여유가 있지만 나는 그렇지 않잖아. 하청업체 중소기업 과장이 얼마나 바쁜지 알아?"

열정 씨는 너스레를 떨었습니다.

"에이~ 너나 나나 돈 받는 처지인데 다 똑같지. 그런데 요즘 다른 일 시작했다며?"

드디어 올 것이 왔습니다. 한참을 재미있게 이야기하던 열정 씨는 인내 씨의 질문에 긴장했습니다. 인내 씨를 만나기 전까지 오늘 어떻게 이야기를 이끌어갈지 여러 번 생각해봤지만, 막상 상황이 닥치니 약간 망설여졌습니다.

"그래, 내가 요즘 다른 일을 시작했어. 우리 나이 때는 제2의 인생을 준비해야 하잖아. 인내야, 혹시 네트워크 마케팅 들어봤어?"

이렇게 열정 씨는 사업에 대한 이야기를 꺼냅니다.

만약 당신이 이 상황이라면 어떻게 대처하겠습니까? 앞으로 인내 씨가 쏟아낼 질문 공세에 유연하게 대처할 수 있겠습니까? 다음은 예상 질문과 그 답변 내용을 정리한 것입니다.

인 내 **네트워크 마케팅이 어떤 일인데? 그거 다단계 아냐?**

열 정 답변①

좋은 질문이야. 내가 한 달 동안 알아본 사실을 이야기해줄게. 지난달 우연히 지인과 함께 네트워크 마케팅 설명회에 참석했어. 나도 그전까지 다단계라고 생각해서 피해 다녔지. 그런데 계속 들어보라고 연락이 와서 딱 한 번만 들어보려고 갔었지. **거기서 신기한 경험을 했어.** 네트워크 마케팅 업계의 전문가를 만나 **유통의 진실**을 알게 된 거야. 진짜 다단계가 뭔지 알아? **현재 우리가 구입하는 많은 제품이 다단계 유통을 통해 우리에게 오는 거래.** 그래서 가격이 비싼 거지. 같은 제품을 총판에서 사는 것과 소매점에서 사는 건 다르잖아. 그것이 바로 다단계 유통의 현실이야. 그래서 그런 단점을 보완한 유통이 대형 할인마트, 홈쇼핑, 네트워크 마케팅이래. 여기서 우리가 주목할 것은 대형 할인마트나 홈쇼핑과 네트워크 마케팅의 차이점이야. **대형 할인마트와 홈쇼핑은 기업이 주도하는 유통이고 네트워크 마케팅은 우리 같은 소비자가 주도하는 유통인 거지. 나는 네트워크 마케팅으로 제2의 인생을 준비할 수 있다는 사실에 흥분이 돼. 너도 나와 같이 이 일에 대해 알아보자.** 함께하면 우리는 충분히 성공할 수 있어.

열정 답변②

다단계? 너는 다단계가 뭐라고 생각하는데?

(상대방의 답변을 들은 후)

그래, 너도 그렇게 생각하고 있었구나. 나도 예전에는 그렇게 생각했는데……. 그럼 너도 전문가를 만나 설명을 들으면 나처럼 이 사업에 흥미를 보이겠네. 나도 지금 진지하게 알아보고 있으니 꼭 한 번 같이 가보자. 내가 그랬듯 너도 직접 보고 선택하면 될 거야.

인내 ### 하긴 요즘 하는 사람이 많은 것 같던데.

열정 답변①

그래 맞아. 요즘 왜 많은 사람이 하고 있을까? 나도 그 점이 궁금했어. 조사해보니 우리 같은 일반인이 갈수록 먹고 살기가 힘들어지는 거야. 월급은 쥐꼬리만큼 오르는데 물가나 집값은 하늘 높은 줄 모르고 치솟고. 먹고 살기 바빠서 노후대책은 전혀 세우지 못하고 있잖아. **우리처럼 평범한 사람들이 가장 목말라하는 것을 네트워크 마케팅이 채워줄 수 있기 때문에 많이 하는 거야.** 또 이 사업의 장점이 처음에는 배우면서 **투잡**으로 시작하는 것이 가능하고, **연**

금처럼 안정적인 **소득**도 벌 수 있다는 거야. 욕심내지 않고 **교육 시스템**을 통해 차근차근 미래를 준비할 수 있는 거지. 유통이 돈이 되는 건 알잖아? **우리도 배우면 큰 사업가가 될 수 있어.**

열정 답변②

그래, 회사설명회에 가보니 많은 사람이 와 있었어. 안내해준 분께 물어보니 요즘 많은 사람이 회사를 알아보러 온다고 하더라고. 나도 가서 보고 깜짝 놀랐어. 그 이유를 들어보니 일리가 있었어. **전문가가 아닌 우리 같은 사람도 유통으로 돈을 벌 수 있대.** 무슨 이야기냐 하면 지금까지는 생산자와 소비자 사이에서 전문 유통인들이 돈을 벌었지만, **이제는 소비자가 직접 생산자에게 제품을 구입해 사용해보고 유통도 할 수 있다는 거야.** 이런 유통을 미국이나 일본 같은 선진국에서는 네트워크 마케팅이라고 하는 데 일반화가 되어 있다. 전문가들 말로는 **우리나라에서도 소비자가 소비하면서 돈도 버는 시대가 본격적으로 열릴 거래.** 뭐든 먼저 하는 사람이 돈을 벌 확률이 높잖아. 그래서 요즘 많은 사람이 시작하나 봐.

다단계? 나는 필요 없어!

답변①

혹시 과거에 다단계 해본 경험이 있어?

(상대방의 답변을 들은 후)

그랬구나. 많이 힘들었겠다. **나도 네트워크 마케팅이라는 말을 듣고 여러 방면으로 조사하고 전문가도 만나 자문했어.** 내가 검토해보기로 한 이유는 두 가지였어. **첫째는 제품이 참 좋더라고.** 나와 가족이 함께 써봤는데 다 쓰고 또 찾게 되더라고. **둘째는 내가 만난 성공자의 철학이 마음에 들었어.** 나 같은 초보자를 잘 배려해주고 실질적인 사업 진행과 비전을 정확히 안내해주었지. 특히 마음에 든 것은 그분의 원대한 꿈과 그것을 하나씩 실현해가는 모습이었지. **네트워크 마케팅이 아닌 다른 일로 만났어도 함께하고 싶은 사람이더라고.** 연애하다 헤어진다고 다른 사람을 안 만나니? 결혼에 실패해도 재혼하잖아. **과거는 과거일 뿐이니 너무 냉대하지 말고 이번에 한 번 더 검토해보자.** 미국과 일본처럼 네트워크 마케팅이 곧 상식이 되는 시대가 올 거야. 우리가 아니라도 이 사업으로 성공하는 사람들이 늘어나는데 우리가 그 주인공이 되어보자.

답변②

그렇구나. 너는 나처럼 네트워크 마케팅에 대해 선입견이 없는 줄 알았어. 내가 이 사업을 검토하고 나서 제일 먼저 생각난 사람이 너야. 아직도 네트워크 마케팅 사업에 대해 불편한 감정이 있다면 그냥 나를 지켜봐 줘. **내가 집중해서 어느 정도 성과를 올렸을 때 너에게 다시 이야기할게.** 그때는 너도 마음의 문을 열겠지. 나도 큰 기대는 하지 않았어. 네 생각이 그렇다면 사용하고 있는 제품이나 바꿔 써봐. **친구가 창업하는데 개시는 해줄 거지? 큰돈이 들어가는 것은 아니니 너나 네 가족이 사용하는 제품 중에서 몇 가지만 바꿔 써봐.** 또 누가 알아? 가족 중에서 누군가가 이 제품의 팬이 될지. 그렇게 되면 소개나 많이 해줘.

미안해. 네트워크 마케팅은 내 체질이 아니야.

답변①

왜? 판매라서 싫어? 아니면 너는 어떤 체질인데?

(상대방의 답변을 들은 후)

그게 네 체질이구나. 그런데 정작 프로 세일즈맨이나 전문가보다 우리처럼 평범한 사람들이 성공할 확률이 높다고 해. **사업의 맥을 잘 살펴보면 판매하는 것이 아니라 마케팅을 하는 거야.** 제품이 잘 유통되도록 함께 마케팅을 하는 거지. 시작은 먼저 제품을 바꿔 쓰는 거야. 내가 먼저 제품을 써봤는데 질도 좋고 효과도 좋아서 다른 사람도 충분히 바꿔 쓸 수 있겠더라. **너도 바꿔 써보고 좋으면 나와 같이 마케팅을 해보자.** 너는 지금 하는 일이 있으니까 우선 내게 바꿔 쓸 사람을 소개해줘. 그 정도는 어렵지 않을 거야. 그리고 **이 책을 읽어봐.** 네트워크 마케팅으로 인생을 바꿀 수 있고 얼마나 비전이 있는 사업인지 알 수 있을 거야. 그런 다음 다시 이야기하자.

열정

답변②

그렇구나. 네가 생각하는 것이 따로 있었네. 나는 이 정보를 듣고 너라면 나하고 같이 훌륭한 사업 기회를 공유할 수 있을 거라고 생각했는데. **그럼 한 명만 소개해줘. 투잡으로 추가소득을 올리고 싶어 하는 사람, 이직이나 사업을 고려하는 사람, 유통이나 판매를 잘할 것 같은 사람, 성실하고 긍정적인 사람 중에 딱 한 명만 소개해줘.** 그럼 내가 그 사람과 만나서 좋은 팀을 만들어볼게. 팀이 만들어지면 그때 너도 본격적으로 합류하면 돼.

인내 **지금 나는 남들이 부러워하는 회사에 다니고 월급도 만족스러워.**

열정 답변①
지금의 생활에 만족하는구나. 지금 다니는 회사가 안정적이라고 생각하는구나. 그런데 **그 회사가 네 인생을 책임질까?** (분명 아니라고 하거나 말을 얼버무릴 것이다.) 너도 알잖아, 내가 얼마나 성실하게 회사에 충성했는지. 그런데 어느 날 우연히 직장 상사의 연봉 인상 폭을 알게 되었어. 매년 오르는 물가 대비 진짜 조금 오르는 거야. 그분이 우리 회사에서 실적이 꽤 좋았는데. 그걸 보고 내 일을 해야겠다고 결심했어. 네가 다니는 회사는 어떨까? 연봉이 매년 얼마나 오르니? 잘 생각해봐! **지금은 안정적이라고 생각하겠지만 결국은 매달 나오는 월급에 안주하는 거잖아.** 내가 그런 것처럼. 앞으로 아이들 대학 교육비에 결혼자금도 필요하고 슬슬 노후 대비도 해야 하는데 하루하루 바쁘게만 살고 있잖아. 이제부터 연금을 만들어보자. **노후를 위해 몇 푼 되지 않는 월급을 쪼개 연금을 넣는 것보다 1~2년 집중해서 네 유통망을 통해 연금소득을 만드는 거야.** 후자가 훨씬 더 빠를 거야.

답변②

지금은 좋을 거야. 그런데 너나 나나 남의 돈을 받는 월급쟁이잖아. 단지 금액에서 좀 차이가 나는 것일 뿐 결국 회사가 시키는 대로 일하고, 주는 대로 받는 **현대판 노예**에 불과해. 언론에도 보도가 되었는데 전문 통계에 따르면 세상의 80% 정도가 직장인과 자영업자라고 하더라고. 그들이 세상의 20%의 돈을 갖고 있고 20%의 사업가와 투자가가 80%의 돈을 갖고 있대. 지금 우리는 80% 안에 들어 있는 직장인이잖아. **부자가 되려면 20%의 사업가나 투자가가 되어야 하는데 네트워크 마케팅 사업으로 그게 가능해.** 새로운 정보를 듣는 것은 좋은 일이니까 시간을 내서 함께 최신 유통 정보를 알아보자.

나는 정말 세일즈는 못해.

답변①

나도 세일즈는 체질이 아니라서 못해. 만약 **네트워크 마케팅이 세일즈를 잘해야 하는 일이라면 나는 하지 않았을 거야.** 너에게 얘기하지도 않았을 테고. 내가 너를 하루 이틀 봤니? 잘 들어봐. 분명 너도 관심이 있을 거야. 세일즈와 마케팅에는 큰 차이가 있어. 세일즈는 자신의 이익을 목적으로 무조건 파는 거지. 네가 슈퍼나 마트의 직원들이 파는 만큼 돈을 받기 때문에 판매에 집중하는 것처럼 말이야. 그렇지만 **마케팅은 제품이 팔려나가도록 판매망을 구축하는 거야.** 소비자보다 유통을 잘할 수 있는 사장들을 만나 함께 유통 시스템을 만드는 거지. **우리가 함께 제품과 사업 정보를 여러 사람에게 보여주면 돼.** 나뿐 아니라 나와 함께하는 능력 있는 팀이 도와줄 거야. **우리는 아직 초보니까 팀에서 노하우를 배우면 돼.**

열정

답변②

그래, 너는 그럴 것 같았어. **내가 너를 만나러 온 이유는 사람을 소개받고 싶어서야.** 유통 일에 종사하거나 세일즈를 잘할 것 같은 사람을 소개해줘. 구체적으로 **말하면 마케팅을 잘하거나 유통 분야에 오래 있었던 사람 중 성실하고 열정이 있는 사람이 좋아.** 딱 한 명만 소개해줘. 나를 믿고 전화번호만 줘도 돼. 너한테 도움이 되도록 잘할게. 그 사람을 만나면 유통 지식이 있으니 간단히 설명해도 알아들을 거야. 장담은 할 수 없지만, 그 사람이 나와 함께 일하면 너에게도 좋은 일이 생길 거야. 기대해도 좋아.

인내 ## 너는 돈을 얼마나 버는데?

열정 **답변①**

지금은 배우는 과정이라 많지 않아. 그런데 이 사업에서 안정 궤도에 들어선 사람은 월급쟁이 연봉을 한 달에 버는 분도 있어. **회사의 보상 시스템과 공정거래위원회 자료를 통해 확인했어.** 내가 직장에 다닐 때 선배들의 연봉 인상 폭을 보고 직장을 그만두었다고 했지? 그건 비전이 없었다는 얘기야. 그런데 **네트워크 마케팅은 내가 한 만큼 돈을 벌 가능성이 있어.** 열심히 해도 한계가 있는 일보다 열심히 한 만큼 대가를 주는 일이 좋잖아.

열정 **답변②**

잘 들어봐

(준비한 메모장에 회사의 보상플랜을 그려 설명한다.)

보다시피 **처음에는 작게 시작하기 때문에 수입이 얼마 되지 않지만 3~4년 집중하면 안정궤도에 진입할 수 있어.** 네트워크 마케팅은 비행기가 이륙하는 것과 똑같아! 처음에는 배우면서 사업을 하니까 수입이 보잘것없어. 그렇지만 6개월에서 1년 정도 집중하면 그때부터 안정적이고 지속적인 소득으로 발전해. **우리는 그 길을 먼저 간 선배 사업자와 함께하니까 걱정하지 않아도 돼.**

인 내
거봐! 네트워크 마케팅은 당장 돈이 되지 않잖아.

열 정

답변①
그래? 왜 그렇게 생각하는데?

(상대방의 답변을 들은 후)

내가 확인한 바로는 **네트워크 마케팅은 노력한 만큼 소득이 발생하는 일이야.** 게임의 규칙을 알면 유리하듯 네트워크 마케팅도 돈을 빨리 버는 방법을 파악하면 돼. **돈이 되지 않아 그만두는 사람은 돈 버는 방법을 잘못 이해한 거야.** 사업 초반에 돈이 안 된다고 말하는 사람도 마찬가지고. 자신이 원하는 만큼 돈을 벌고 싶다면 네트워크 마케팅 회사가 제공하는 교육 시스템을 통해 사업을 빨리 마스터한 후 집중하면 돼. 그러면 단기간에도 큰 성과를 낼 수 있어.

열 정

답변②
네가 얼마를 벌고 싶은지 모르지만 네트워크 마케팅은 돈을 벌기 위한 사업이야. 이왕 사업이란 말이 나왔으니 한번 얘기해보자. 많은 사람이 사업을 시작할 때 일반적으로 손익분기점을 2~3년으로 본대. 물론 수천에서 수억을 투자하고 1년 만에 포기하는 사람도 많지만, 네트워크 마케팅은 투자 리스크가 없고 투잡으로 가능해. 시간 선택도 자유로운 편이지. 많이 투자하고도 당장 돈이 되지 않는 것은 일반 사업이야. **네트워크 마케팅은 일반 사업에 비해 투자 대비 큰돈이 빨리 들어오는 거지.** 일반 사업처럼 네트워크 마케팅에 당장 몇천 만 원을 투자하면 훨씬 빨리 성공할 거야. 당장 돈이 되는지 그렇지 않은지는 수익구조를 분석하면 알 수 있어. **다음 주에 함께 전문가를 만나보자.** 너는 똑똑하니까 금세 이해할 거야.

인 내

회사 일이 바쁘고 야근도 많아서 갈 시간이 없어.

열 정

답변①

그래, 네가 바쁘다는 거 알아. 이렇게 시간을 내서 나를 만나주니 영광이네. 네가 바쁘니까 요점만 간단히 이야기할게. 너는 갈수록 바쁠 거야. 아마 승진할수록 더 바쁠 거야. 그렇지? 그럼 그렇게 바쁘게 일해서 벌어들이는 수입에 만족하니? 열심히 일하든 놀면서 일하든 매달 받는 돈은 같지 않아? 그러니 **시간을 쪼개 미래를 위해 함께 준비**

해보자. 약간의 시간만 내면 되는 일이야. **다음 주 저녁에 딱 세 시간만 내서 나와 함께 전문가를 만나보자.** 그분은 유통 전문가인데 성공하신 분이야. 지금 많은 유통 전문가를 배출하고 있고. 나도 그분에게 정기적으로 유통을 배우고 있는데 같이 가서 상담해보자. **네가 지금 하는 일을 하면서도 미래를 위해 착실히 준비할 수 있을 거야.**

열정 답변②

바쁘게 살면 좋지. 요즘 일이 없어서 힘들어하는 사람들이 얼마나 많은데. 그런데 언제까지 남의 일만 해주며 살래? **○요일과 ○요일 중에서 하루만 시간을 내자. 너처럼 바쁜 사람들이 들어볼 만한 설명회야.** 지금은 쫓기듯 바쁘게 살아도 미래에는 그렇게 살지 말아야지. 혹시 둘 다 시간을 비울 수 없으면 내가 다음 주에 다시 연락할게. 너에게도 좋은 기회가 될 거야. 미리 시간을 알려줄 테니 시간을 조정해서 그날은 꼭 비워놔. 알았지?

인내

사업을 하려면 뭐부터 시작해야 하는데?

열정

답변①

제품부터 사용해. 그리고 일주일에 이틀은 저녁에 시간을 내서 함께 설명회에 참석하자. 대략 한 달 정도는 이 사업을 파악하고 배우는 것에 집중해야 해. 제품을 잘 사용하면서 함께 사용할 사람을 소개하고, 알고 있는 사람의 명단을 작성해 컨택 리스트를 만드는 거야. 지금 가장 중요한 것은 **제품 사용**과 **설명회 참석**이니까 바로 이번 주부터 시작하자.

열정

답변②

나와 함께 전문가를 빨리 만나보자. 그럼 그분이 우리가 가장 먼저 해야 할 일과 순차적인 사업 진행 방법을 자세히 알려줄 거야. 만나면 궁금한 점을 모두 물어봐. 의문이나 의심이 없어야 일에 전념할 수 있으니까.

3. 자영업자

여기서는 두 가지의 경우를 들어보겠습니다.

찬미 씨는 두 달 전부터 네트워크 마케팅 사업을 시작했습니다. 초보 사업자인 찬미 씨는 만나볼 사람을 찾다가 옷을 몇 번 산 적 있는 동네 옷 가게를 떠올렸습니다. 마땅히 갈 곳을 정하지 못한 찬미 씨는 곧장 그곳으로 향했습니다. 조금 떨렸지만, 그녀는 가게 문을 열고 웃으며 인사했습니다.

"사장님, 안녕하세요. 저…….."
"아~ 안녕하세요, 아가씨."

옷 가게 주인은 찬미 씨를 알아보는 눈치입니다. 다행이다 싶어 찬미 씨는 한걸음에 옷 가게 주인 앞으로 다가갔습니다.

"아가씨, 여기 앉아요. 차 한잔할래요?"

찬미 씨를 맞이하는 옷 가게 주인은 기분이 좋아 보였습니다.

"감사합니다. 주시면 잘 먹겠습니다."

찬미 씨는 앉아서 차를 마시기 시작했습니다. 그러자 옷 가게 주인이 질문을 했습니다.

"아가씨는 무슨 일을 하세요?"

옷 가게 주인의 갑작스러운 질문에 찬미 씨는 조금 머뭇거리다가 대답했습니다.

"저, 네트워크 마케팅 사업해요."

또 하나의 경우를 들어보겠습니다.

얼마 전 친구를 만난 상구 씨는 친구에게 네트워크 마케팅 사업을 시작했다고 말했습니다. 사업을 소개하니 친구는 조심스럽게 거절했습니다. 그러자 상구 씨는 다른 사람을 소개해달라고 부탁했습니다. 친구는 잠깐 생각하다가 자기 후배인 내과 의사를 소개했습니다. 비록 사업 제안은 거절했지만, 상구 씨는 후배를 소개해준 친구가 고마웠습니다.

다음 날 상구 씨는 친구가 소개해준 내과 의사를 만나러 갔습니다. 그러나 그날은 진료가 많아 만나지 못했고 며칠 후 다시 와달라는 부탁을 받았습니다. 약속한 날짜에 다시 간 상구 씨는 간호사의 안내를 받아 진료실로 들어갔습니다. 친구의 후배인 내과 의사는 손을 씻고 자리에 앉았습니다.

"안녕하세요, 원장님."

약간 떨렸지만 상구 씨는 최대한 침착하게 인사했습니다.

"네, 반갑습니다. 민석 선배님 친구분이시라고……."

의사는 약간 미소를 지었습니다. 미소를 보니 상구 씨도 조금은 여유가 생겼습니다.

"네, 맞습니다. 얼마 전에 민석이를 만나 소개를 부탁했더니 원장님을 소개해주더군요."

궁금한 표정으로 의사가 질문을 합니다.

"그러시군요. 그런데 무슨 일로 오셨는지요?"

질문을 받자 상구 씨는 준비한 자료를 보여주며 설명을 시작했습니다. 한참 동안 듣다가 의사는 다시 질문을 했습니다.

"이건 방판이 아닙니까?"

만약 당신이 이 상황이라면 어떻게 대처하겠습니까? 다음은 예상 질문에 대한 답변 내용을 정리한 것입니다.

사장, 의사 어떻게 오셨나요?

찬 미 **답변(사장)**

네, 사장님께 여쭤볼 것이 있어서 왔습니다. **사장님은 인상도 좋고 손님들을 참 편하게 해주시더군요.** 그래서 저희 팀과 함께했으면 해서 한 가지 **제안**하려고 왔습니다. 사장님, 요즘 직거래 유통이 트렌드인데 사장님과 같이하고 싶습니다. 저는 혁신적인 제품을 만드는 회사와 함께 마케팅을 하고 있습니다. **제가 제품을 사용해보니 몰라보게 달라졌고 유통이 잘되는 것을 확인했습니다.** 제품은 회원제로 유통되는데 고객은 회원으로 가입해 저렴한 회원가로 구입합니다. **재구매**가 잘되기 때문에 안정적인 소득이 가능합니다.

상 구 **답변(의사)**

원장님, 제가 여기 온 이유는 원장님께 보여드릴 아이템이 있기 때문입니다. 현재 선진국(미국 등)에서 많은 전문가가 이 **아이템**에 관심을 보이고 있습니다. **원장님도 활용하시면 병원에 큰 도움이 될 것입니다.** 고객은 품질 좋은 제품을 좋아하니 이 아이템으로 병원을 **특화**할 수 있습니다. 당연히 병원 매출은 늘어날 것입니다.

 **사장, 의사** ## 아, 그거 다단계 아닌가요? 나는 필요 없습니다.

 찬미 　**답변(사장)**

혹시 과거에 다단계 경험이 있으세요?

(상대방의 답변을 들은 후)

그렇군요. 저도 처음에는 다단계라고 생각해서 피하다가 우연히 전문가를 만나 생각이 바뀌었습니다. 여기 보면 (**자신이 변화한 사진** 또는 임상 사진을 보여주며) 이렇게 모습이 변하니 재구매가 잘 되고 고객이 직거래를 통해 저렴하게 구입할 수 있어서 수익성이 좋습니다. 어차피 **사용하는 제품을 바꿔 쓰는 개념**이기 때문에 여기저기 다니면서 세일즈할 필요가 없습니다. **유통은 직거래이고 수익은 다단계라서 소비자도 소비하며 돈을 벌 수 있는 신개념 유통입니다.** 저도 이 제품을 사용하면서 돈도 벌고 있습니다. 사장님도 체험해보고 검토해보시죠. 많은 다단계 회사가 있지만 그중 좋은 다단계 회사는 손에 꼽을 정도인데 제가 권하는 회사는 **좋은 다단계 회사**입니다.

 상구 　**답변(의사)**

저는 다단계 제품을 팔려고 원장님께 온 것이 아닙니다. 제품력과 과학적 근거가 있는 아이템을 함께 유통시킬 전문가를 만나러 온 것입니다. 여기 자료 (**제품력과 과학적 근거**)를 보면 원장님도 흥미가 있을 겁니다. 이 아이템은 선진국과 한국에서 이미 **검증**되었고 **수익성**도 좋습니다. 일단 검토해보고 주변 전문가들과 함께 유통시킨다면 큰돈을 벌 수 있을 겁니다. 정확히 말해 **네트워크 마케팅**이라고 하는데 이는 경제 전문가가 추천하는 신개념 유통입니다.

사장, 의사

네트워크 마케팅은 방판 아닌가요?

찬미

답변(사장)

'판매'인지 물어보시는 거죠? 이 사업은 방문판매처럼 돌아다니면서 제품을 판매하는 사업이 아닙니다. 만약 이 사업이 판매를 잘해야 한다면 저는 못했을 겁니다. 저는 한 번도 판매해본 적이 없거든요. 판매는 오히려 사장님이 잘하시죠. 이 사업은 정식 명칭이 '**네트워크 마케팅**'이고 소비자 보호를 위해 '**방문판매에 관한 법률**'의 규정을 따릅니다. 우리 같은 사업자가 하는 일은 마케팅을 해서 제품이 팔려나가는 판로를 구축하는 것입니다. 예를 들어 사장님은 옷을 도매로 구입해 소비자에게 판매할 텐데 바로 옷을 구매하는 구매처가 네트워크 마케팅 사업자의 위치입니다. 구매처는 매출을 높이기 위해 홍보도 하고 제품 교육도 해서 판매망을 넓혀 가잖아요. 마찬가지로 사장님도 네트워크 마케팅 제품으로 판매망(유통망)을 만들어 네트워크 마케팅 회사와 수익을 나눠 갖는 것입니다. 품질이 우수하고 **회원제**로 운영해서 **재구매율**이 높은 편입니다. 자세한 수익구조는 설명회에 함께 가서 확인하시지요. 사업 결정은 그때 해도 늦지 않습니다.

답변(의사)

방문판매는 매일 소비자를 찾아다니는 일이라 원장님과 어울리지 않습니다. 만약 제가 방문판매를 한다면 원장님께 제품을 직접 가져와서 보여주고 테스트했을 겁니다. **네트워크 마케팅은 방문판매가 아닙니다.** 미국 같은 선진국에서 시작된 신유통인데 원장님처럼 전문인들이 많이 하고 있지요. 그 이유를 들려드리지요. 네트워크 마케팅 제품에는 건강식품과 피부미용 제품 등이 있습니다. 선진국은 병원비가 비싸서 그런지 예방의학이 발달했는데 우수한 건강식품이 많아 실질적인 처방에 쓰이고 있습니다. 우리나라도 원격진료가 보편화되면 소비자들이 지역병원보다 종합병원을 많이 찾을 것이고 종합병원은 약국 법인을 설립해 큰 병원이 돈을 버는 구조가 될 것입니다. 그래서 **전문가들이 고객 확보와 안정적인 소득을 위해 네트워크 마케팅 사업에 참여하고 있습니다.** 생각해보십시오. 이런 아이템을 유통하는 데 평범한 사람이 유리할까요, 아니면 **원장님 같은 전문가가 유리할까요?** 원장님 같은 전문가가 하는 세미나에 참석해보면 그 답을 알 수 있을 것입니다.

사장, 의사 <u>우리 손님들이 싫어할 거예요.</u>

찬미
답변(사장)
손님들이 왜 싫어할 거라고 생각하세요?

(상대방의 답변을 들은 후)

그렇게 생각하시는군요. 그럼 손님들에게 이야기하지 마세요. **이 사업은 사장님을 위한 것입니다.** 사장님이 먼저 제품을 바꿔 써보세요. 네트워크 마케팅 제품은 사장님이 고민하는 부분을 충분히 해결해줄 겁니다. 그만큼 바꿔 쓸 이유가 있는 제품입니다. 그런 다음 생필품을 '**브랜드 체인지**'할 사람을 소개해주세요. 지인도 좋고 손님도 좋습니다. 한두 명만 소개해주시면 그분들이 입소문을 내서 많은 사람이 사장님의 진정한 고객이 될 것입니다. 빨리 제품을 테스트해보시죠. 언제가 좋을까요? 사장님께서 여유 있는 시간을 알려주십시오.

답변(의사)

미국 같은 선진국에서는 전문가들이 네트워크 마케팅을 하고 있습니다. 우리나라에서도 네트워크 마케팅에 참여하는 전문가가 늘어나고 있는데 그 이유는 경쟁 때문입니다. 병원이 교회만큼이나 많다고 하지요. 인구는 감소하는데 개원의들은 많아지면서 서울 강남에서도 문을 닫는 병원들이 늘어나고 있답니다. 원장님도 잘 아시겠지만 병원 운영이 어려워지자 한의원에서도 비만 관리를 하고, 내과에서도 보톡스 시술을 하고 있습니다. 동네 병원도 살아남기 위해 다양한 시도를 하는 중입니다. 소비자의 입장에서는 '병원이 어떠한가?'가 아니라 '병원이 얼마나 자신의 고민을 잘 해결해주는가?'가 중요합니다. **이런 특별한 제품으로 원장님의 병원을 특화할 수 있습니다.** 또한 제품의 재구매가 잘 이뤄져 안정적인 소득이 발생합니다. 원장님이 걱정하는 부분을 함께 충분히 해결할 수 있습니다. 먼저 네트워크 마케팅이 어떤 것이고 어떤 수익구조인지 함께 검토해보죠. **검토할 때 사모님과 함께하면 더 좋은 방법을 끌어낼 수 있을 것입니다.**

 ## 그것을 팔면 마진이 얼마나 생깁니까?

 답변(사장)

일반 유통은 마진이 소득의 전부입니다. 옷을 하나 팔면 원가와 유통비를 뺀 나머지가 사장님의 마진이죠. **네트워크 마케팅은 소개비와 매출의 일정 부분이 소득입니다.** 이처럼 돈을 버는 방식이 다릅니다. 또 사장님은 돈을 벌기 위해 가게 임대와 제품 구입에 큰돈을 투자하지만, 네트워크 마케팅에는 그런 투자가 필요 없습니다. **네트워크 마케팅은 물건을 팔아서 남기는 마진이 아니라 물건이 팔려나가게 만드는 시스템으로 소득을 올립니다.** 일단 사람들에게 질 좋은 제품을 홍보하고 교육을 통해 유통망을 만듭니다. 그리고 제품이 유통될 때마다 회사와 수익을 나누는 것입니다. 인세 개념인 거죠. 마진 장사는 매일 팔아야 하고 또 잘 팔아야 돈을 벌지만, **네트워크 마케팅은 제품과 소득 기회를 많은 사람에게 전하면 큰돈을 벌 수 있습니다.** 제가 적극적으로 도울 테니 제품을 바꿔 쓸 사람과 돈을 벌고 싶어 하는 사람을 소개해주세요.

 답변(의사)

원장님 요즘은 사람이 재산입니다. **마니아 회원을 만드는 것이 안정적인 소득을 올리는 길입니다.** 손님은 변덕이 심

하다는 것을 잘 아시죠? 손님 중에서 원장님과 신뢰 관계를 구축한 분을 고객으로 만들면 됩니다. 품질이 우수해 고객들도 좋아할 것입니다. 회원이 많아지면 매출도 늘어나는데 그 매출을 네트워크 마케팅 회사와 나눠 갖습니다. 네트워크 마케팅 회사는 전문가인 원장님께 결과만큼 충분한 대가를 줄 것입니다. 네트워크 마케팅 회사와 원윈(Win-Win)할 수 있게 제가 적극 돕겠습니다.

사장, 의사 **별로 관심이 가지 않는 아이템입니다.**

찬미 답변(사장)

그럼 어떤 아이템에 관심이 있습니까? (옷 이외에는 관심이 없다거나 다른 이유를 말한다.) 그러시군요. 저도 원래 다른 일을 했습니다. 건강식품이나 화장품에는 관심이 없었지요. 그런데 새로운 세상을 보게 되었습니다. **평소에 제가 사용하던 생필품을 바꿔 쓰면 돈을 벌 수 있는 사업을 알게 된 것이지요.** 저는 직접 제품을 테스트해보고 사용하면서 과연 그게 가능할지 검토해보았습니다. 판매를 위해서는 아이템이 본인에게 맞아야겠지만 사용하고 있는 제품을 바꿔 쓰는 것이니 이미 관심이 있는 것 아닌가요? 사장님이 먼저 제품을 테스트하고 제가 안내한 대로 사용해보십시오. 건강하고 예뻐지게 해주는 제품에는 누구나 관심을 보입니다. **건강과 미용 중 어떤 것에 더 관심이 있는지 말씀해주세요.**

상구 　답변(의사)

원장님의 관심보다 고객의 관심에 더 집중해보는 건 어떨까요? 네트워크 마케팅 제품은 요즘 트렌드를 선도합니다. 네트워크 마케팅 회사는 매출을 높이기 위해 광고보다 제품 개발 및 품질에 엄청난 투자를 하고 있지요. 또 누구에게나 필요하고 모두가 원하는 제품을 우선으로 만들고 있습니다. **누구나 관심을 보이는 건강식품과 미용 제품을 병원에서 취급한다면 소비자들은 더 신뢰할 것입니다.** 질 좋고 안정적인 소득을 안겨주는 이런 아이템에 관심을 갖는 것은 당연한 일입니다. 다양한 아이템 중에서 어떤 것이 병원에 도움이 될지 함께 알아보시죠. 그 아이템을 성공적으로 마케팅하면 나머지 제품은 저절로 팔려나갈 겁니다. 소비자는 특정 회사의 제품에 만족할 경우 그 회사에 충성하는 습관이 있다는 걸 아시잖아요.

 사장, 의사

나는 지금 돈을 벌 만큼 벌고 있습니다.

 찬 미 **답변(사장)**

그래서 표정이 밝군요. 그러면 이제 주변 사람도 돈을 벌도록 돕는 것은 어떨까요? 그들이 큰돈을 투자하지 않고 돈을 벌 수 있는 방법이 있습니다. **사장님이 네트워크 마케팅을 활용하면 주변 사람들을 부자로 만들어줄 수 있습니다. 어려운 사람을 돈으로 돕는 것보다 훨씬 가치 있는 일입니다.** 그 방법을 전문가가 직접 설명하는 자리가 있습니다. 함께 참석해서 사업성을 검토해보시죠. 사장님이 큰 투자를 해서 교육센터를 짓지 않아도 **후원**이 가능합니다. 저도 사장님과 한 팀이 된다면 참 기쁠 겁니다.

 상 구 **답변(의사)**

이 어려운 경제에 대단하시네요. 그럼 시간적 여유도 많나요? (대부분 없다고 한다.) 그렇군요. 진짜 부자는 시간적, 경제적으로 여유가 있는 사람이라고 들었습니다. **원장님은 경제적 여유가 있으니 이제 시간적 여유만 있으면 되겠네요.** 그래서 원장님께 시간적 여유를 누릴 수 있는 일을 알려드리려고 합니다. 바로 네트워크 마케팅입니다. 네트워크 마케팅 제품은 우수한 품질과 합리적인 가격으로 소비자에게 큰 호응을 얻고 있습니다. 또 재구매율이 높아

소득이 지속적이고 계속 늘어납니다. 죄송한 얘기지만 **원장님은 지금 많은 돈을 벌고 있으나 원장님이 쉬면 소득이 현저히 줄어들 겁니다. 네트워크 마케팅은 원장님에게 시간적, 경제적 여유를 줄 것입니다.** 그게 가능한 일인지 전문가 세미나에 참석해 검토해보시죠.

사장, 의사 **얼마나 팔아야 큰돈을 벌 수 있습니까?**

찬 미 답변(사장)

큰돈을 벌고 싶다면 당연히 이 사업을 검토해봐야 합니다. 제가 이 사업을 하는 이유도 큰돈을 벌기 위해서입니다. **네트워크 마케팅은 투잡으로 작게 시작하지만, 큰돈을 버는 사업입니다.** 네트워크 마케팅에는 얼마나 팔아야 한다는 규정이 없습니다. **큰돈을 벌려면 제품이 팔려나가는 유통망을 크게 만들면 됩니다.** 제가 소속된 팀(스폰서)은 그 분야의 전문가들입니다. 큰돈을 벌 수 있는 방법을 저희 팀과 상의해보시죠. 좋은 방법을 알려드릴 겁니다.

답변(의사)

원장님, **이 병원에서 다루는 제품과 수익구조가 완전히 다릅니다.** 물론 네트워크 마케팅 제품도 많이 팔면 큰돈을 벌 수 있습니다. 그러나 방법이 다릅니다. **원장님의 전문적인 지식으로 회원제 마케팅을 하는 것입니다.** 네트워크 마케팅 제품은 품질이 우수하고 일반 제품에 비해 가격이 합리적입니다. 전문가인 원장님이 지인과 고객들에게 제품을 바꿔 써야 하는 이유를 설명하면 그들은 이해하고 그렇게 할 것입니다. 그처럼 제품을 바꾼 소비자들이 늘어나면 그중에서 직접 유통해보려는 사람이 생깁니다. 그분을 팀과 함께 전문가로 키우면 그때는 유통 키맨이 생깁니다. **키맨이 생길 경우 그들의 활약으로 매출이 늘어나고 안정적으로 증가하는 권리소득을 얻을 수 있습니다.** 자세한 것은 전문가를 만나 상담해보죠. 제가 적극적으로 돕겠습니다.

 **사장, 의사** ## 매장에 진열해서 팔면 되는 거죠?

 찬미 **답변**(사장)

그 선택은 사장님이 스스로 하시는 겁니다. 여기 옷처럼 진열해서 팔 수도 있지만 더 효과적인 방법이 있습니다. 사람들은 옷을 입어 보고 어울리면 구매합니다. **이 제품도 직접 체험해서 다른 제품과 어떻게 다른지 알면 스스로 구입을 결정합니다.** 따라서 진열하는 것은 그리 중요하지 않습니다.

 상구 **답변**(의사)

전문가인 원장님이 왜 판매하려고 하세요? 백화점에서도 특별한 제품은 진열하지 않습니다. 고객은 원장님의 말씀을 귀담아들을 겁니다. 먼저 제품을 검토해보고 고객의 니즈(Needs)에 맞는 제품 구성을 함께해보는 것이 좋겠습니다. **판매가 아니라 구입한 고객이 잘 먹고 잘 사용하여 재구매하도록 하는 데 집중해야 합니다.** 재구매가 잘되면 판매하지 않아도 매출이 늘어나고 안정적인 판매망이 만들어집니다. 그러면 자동수입이 가능해지지요.

사장, 의사

전문가인 내가? 그런 일은 못합니다.

찬 미

답변(사장)

'그런 일'이란 것이 어떤 일인데요?

(상대방의 답변을 들은 후)

그러시군요. 많은 사람이 다단계, 방문판매를 하찮게 생각합니다. 그런데 **경제 전문가와 미래학자는 비전 있는 사업으로 강력히 추천합니다.** 세상이 빠르게 변해 오프라인 시장은 사라지고 더불어 많은 직업도 사라질 것이라고 합니다. 예전에는 TV에서 옷을 산다는 게 말이 되는 이야기였나요? 이제는 상상하지 못하는 일이 머지않아 생활이 될 겁니다. **네트워크 마케팅은 선진 유통으로 미국 같은 선진국에서는 전문가가 먼저 알아보고 참여하고 있습니다.** 미래를 볼 줄 아는 사람들이 모여 있는 곳이 네트워크 마케팅 업계입니다. 사장님 같은 전문가가 네트워크 마케팅을 한다면 훨씬 더 성공 확률이 높을 겁니다. 제가 적극적으로 도울 테니 우선 정확히 어떤 사업인지 알아보시죠.

상 구

답변(의사)

네트워크 마케팅은 사업입니다. 대기업처럼 시스템을 통해 돈을 버는 사업이지요. 삼성기업의 이건희 회장님은 평생 거대기업을 일궈 가족과 손자, 손녀까지 부귀영화를 누리고 있습니다. 네트워크 마케팅도 하나의 기업을 일구는 일이며 집중하면 경제적 은퇴와 유산 상속도 가능합니다. **네트워크 마케팅은 제품 개발부터 출시까지 모든 사항을 회사가 담당하고, 제품 마케팅만 개인에게 아웃소싱합니다. 아웃소싱했다는 것은 회사와 개인이 윈윈 관계임을 뜻합니다.** 회사는 전문성 있는 개인과 함께하는 것을 선호합니다. 그래야 유통이 잘되니까요. **원장님이 저와 함께 만들어가는 유통망은 모두 우리의 자산이 됩니다.** 네트워크 마케팅을 성공의 도구로 활용할 수 있도록 전문가를 소개하겠습니다.

사장, 의사

하루 종일 가게(병원)에 있어야 해서 네트워크 마케팅을 알아볼 시간이 없습니다.

찬 미

답변(사장)

그렇군요. **그럼 유통 쪽에 종사하는 분이나 마케팅 전문가를 알고 있으면 소개해주세요.** 그분들에게 사업 기회와 혜택을 알려주고 또 소개를 받아 팀을 만들어드리겠습니다. 먼저 딱 한 명만 소개해주고 사장님은 제품 테스트를 받아

보세요. 제품력을 보면 소개해줄 분이 명확해질 겁니다. 한가한 시간대를 알려주시면 그때 다시 오겠습니다.

답변(의사)
상 구 물론 일과 중에는 병원일로 바쁠 겁니다. **일이 끝나고 저녁에 진행하는 전문가 세미나에 오시면 됩니다.** 세미나에서는 제품력과 사업성을 검토할 수 있고 전문가와도 상담이 가능합니다. **제가 이렇게 간곡히 말하는 이유는 원장님이 저희 팀에 합류하면 서로가 원하는 목표를 이룰 수 있기 때문입니다.** 네트워크 마케팅이 어떤 일인지 명확히 알면 시간적, 경제적으로 자유롭고 존경받는 사업가가 될 것입니다.

사장, 의사

시간이 없어서 설명회에 참석하기가 곤란합니다.

찬 미

답변(사장)
사장님, 그래서 시간을 만들어야 합니다. 돈을 많이 벌어도 시간이 없으면 돈을 벌어서 뭘 하겠습니까? 일반적인 일은 돈과 시간이 균형을 이루지 못합니다. 돈을 벌면 벌수록 시간적 여유가 없지요. 내가 그 자리에 있어야 돈을 벌기 때문입니다. 잘 생각해보십시오. 만약 **내가 일주일 동안 가게에 없어도 매출이 유지되거나 증가할 수 있는지.** 만약 그렇지 않다면 갈수록 바빠질 것입니다. **네트워크 마케팅은 일을 할수록 돈과 시간적 여유를 누릴 수 있습니다.** 수입이 늘어나면서 여유 시간도 늘어납니다. 함께 활동하는 팀이 있기 때문입니다. 아무리 바빠도 사장님이 마음먹은 일은 꼭 할 것입니다. **다음 주에 딱 한 번만 설명회에 참석하겠다고 마음먹어보시죠.** 다음 주에 열리는 설명회는 저도 기다렸던 행사인데 전문가에게 직접 설명을 듣고 1:1로 질의응답도 가능합니다. 함께 참석하시죠.

단변(이사)

상구 원장님, 물론 시간이 없다는 것은 알고 있습니다. 그런데 **다음 주에 열리는 행사는 원장님을 위한 것입니다. 원장님과 동종업계에 있다가 이 사업을 만나 크게 성공한 전문가의 세미나입니다.** 그날은 꼭 시간을 조정해서 함께 참석하시지요. 행사가 끝나고 그분과 직접 만나서 궁금한 점을 물어볼 수 있습니다. 지정석이므로 미리 예약해놓겠습니다.

 사장, 의사 ### 내가 어떻게 하면 됩니까?

 찬미 **답변(사장)**

저와 제 팀이 안내해드릴 겁니다. 시작은 아주 작은 것부터 하면 됩니다. 제품을 바꿔 쓰고 함께 사업 방법을 배우는 것입니다. 사장님과 가족이 사용하는 제품을 네트워크 마케팅 제품으로 바꾸고 점점 늘려 가십시오. 그리고 **이번 주 ○요일 팀 미팅에 와서 팀원들과 인사를 나누고, 앞으로 어떻게 사업을 할 것인지 논의해봅시다.** 천천히 하나씩 하다 보면 사장님이 원하는 것을 이루어나갈 수 있을 겁니다. 용기를 내주셔서 감사합니다. 제가 적극적으로 돕겠습니다.

 상구 **답변(의사)**

원장님, 가장 먼저 **사모님(아내)과 함께 회사설명회에 참석**하고 끝나면 전문가와 차 한잔하시죠. 특히 그날 제품 테스트를 할 텐데 사모님이 좋아하실 겁니다. 제가 두 분을 같이 초대하는 이유는 원장님이 지금은 병원 일이 주 업무니까 **사모님이 적극적으로 움직일 수 있을지 설명회를 듣고 상의해보기 위해서입니다. 부부가 마음이 맞으면 이 사업은 두 배 이상의 시너지를 낼 것입니다.** 현재 부부가 함께하는 사업자들은 대부분 긍정적인 결과를 내고 있습니다. 상상해보십시오. 멋진 사업가 부부를요.

4. 사업가

직장을 다니던 인류 씨는 작년 말 지인의 소개로 네트워크 마케팅을 접했습니다. 두 달을 검토한 인류 씨는 투잡으로 네트워크 마케팅 사업을 시작하기로 했습니다. 영업팀에서 일하던 인류 씨는 거래처 사장들과 자주 만났고 그러던 중 한 명이 눈에 들어왔습니다. 열정이 많고 성격이 시원시원한 나거상 사장입니다. 인류 씨는 나거상 사장을 개인적으로 만나기 위해 저녁 약속을 청했고 평소 인류 씨를 좋게 보고 있던 나거상 사장은 흔쾌히 승낙했습니다.

떨리는 마음으로 약속 장소에 도착하니 얼마 후 나거상 사장이 도착했습니다.
"반가워요. 박 과장."
나 사장이 인류 씨에게 악수를 청합니다.
"네, 사장님. 이렇게 응해주셔서 감사합니다."
인류 씨도 예의를 갖춰 악수했습니다. 둘은 식사하면서 가벼운 이야기를 나눴습니다. 식사가 끝나자 인류 씨가 말을 꺼냅니다.

"사장님, 제가 한 가지 자문할 일이 있습니다."

"그래요, 뭔데요?"

나 사장은 궁금한 마음에 눈이 커졌습니다.

"혹시 네트워크 마케팅에 대해 알고 계신가요?"

질문을 받은 나 사장은 곧바로 대답했습니다.

"그거 다단계 아닌가요? 내 주변에 몇 명이 그거 한다는 소식을 들었는데……."

만약 당신이 이런 상황에 있다면 어떻게 이야기를 이끌어가겠습니까? 다음은 예상 질문에 대한 대답을 정리한 것입니다.

거상
네트워크 마케팅은 주부나 영업을 잘하는 사람이 하는 거잖아요.

인류

답변①

왜 그렇게 생각하시죠?

(상대방의 답변을 들은 후)

그렇군요. 사장님은 네트워크 마케팅을 판매로 생각하시는 것 같습니다. 저도 처음에는 그렇게 생각했는데 사업을 하면서 주위를 살펴보니 사업가들이 많이 하고 있더군요. **그들은 확실히 다르더라고요.** 사업을 보는 안목, 진행 방법, **팀을 만드는 방법** 등이 말이죠. 사장님도 사업가니 네트워크 마케팅을 이해한다면 '내가 할 사업이네'라고 하실 겁니다.

인류

답변②

네트워크 마케팅은 판매가 아니라 사업입니다. 가게 주인은 장사를 하는 것이지 사업을 하는 것이 아니잖아요. 삼성의 오너가 진짜 사업을 하는 것이라고 생각합니다. 네트워크 마케팅은 대기업을 일구는 큰 사업입니다. 그리고 판매만으로 감히 상상도 할 수 없는 돈을 벌 수 있습니다. 물론 주부나 영업자도 참여가 가능하지만, **원리를 이해하는 사람**이 성공할 수 있는 사업입니다. 돈도 벌어본 사람이 벌고, 사업도 해본 사람이 한다는 말처럼 사업을 하는 사장님이 훨씬 유리한 입장인 것이 사실입니다.

거 상 **우리나라에서는 이미 많은 사람이 하고 있어서 선점할 기회가 없습니다.**

인 류 답변①
주변에 많은 사람이 네트워크 마케팅을 하고 있습니까? 아니면 들은 이야기입니까?

(상대방의 답변을 들은 후)

아직 한국은 네트워크 마케팅의 개발도상국입니다. 세계적인 추세도 시작에 불과합니다. 물론 선점하면 사업에서 유리한 위치를 차지합니다. 그러나 후발주자로 시작해 성공한 기업도 많습니다. 사업에서 중요한 것은 선점보다 발전 가능성이라고 생각합니다. 사업하는 사람의 숫자가 아니라 어떤 사람이 하고 있느냐가 중요합니다. 보험만 봐도 그 많던 아줌마 부대가 줄어들고 그 자리를 고학력 대졸자가 채우고 있습니다. 네트워크 마케팅이 한국에 들어온 초창기에는 주부나 사업 실패자, 무직자 등 할 일이 없는 사람들이 주로 했지만 이제 20대 청년이나 전문직 종사자 등이 참여하고 있습니다. 사장님, **네트워크 마케팅을 다른 시각으로 보면 많은 기회가 있음을 알게 될 겁니다.** 그것을 도와드리고 싶습니다. 지금 같은 좋은 타이밍에 사장님과 함께 일하고 싶습니다.

인류 답변②

선점의 기회가 중요하다면 왜 네트워크 마케팅이 매년 성장하고 있을까요? 그리고 왜 그렇게 많은 회사가 네트워크 마케팅을 시작할까요? 지금은 우리나라 대기업도 네트워크 마케팅을 준비하고 있다는 소식을 들었습니다. 이런 현상을 보면 **선점은 신생 회사들의 마케팅**일 뿐입니다. 사장님의 회사는 업계를 선점했나요? 선점을 하면 그게 영원할까요? **선점의 기회보다 안정적으로 오래 할 수 있는 사업성이 중요하다는 것**은 저보다 사장님이 더 잘 아실 겁니다. 제가 권하는 회사는 안정적이고 오래 할 수 있는 사업 기회를 제공합니다. 만약 선점의 기회가 중요하다면 매년 출시되는 아이템으로 선점의 기회를 잡을 수 있습니다. **선점보다 사업성을 먼저 검토해보시죠.** 적극적으로 도와드리겠습니다.

거상 **네트워크 마케팅을 하면 돈을 얼마나 법니까? 나는 사업가입니다.**

인류 답변①

그래서 사장님을 만나고 싶었습니다. 사장님이 네트워크 마케팅의 본질을 알면 사업자답게 할 거란 믿음이 있었기 때문입니다. 네트워크 마케팅은 누구나 할 수 있고 큰 투자가 필요 없습니다. 누구나 회사와 거래하는 소비자로 시작하며 제품에 감동한 사람들이 사업에 도전합니다. 그런데 시간이 지나면 소비자, 영업맨, 사업가로 자연스럽게 나뉩니다. 당연히 돈을 버는 수준도 다르고요. 그게 사업을 보는 눈높이인 것 같습니다. 사장님은 얼마나 벌고 싶은가요? 네트워크 마케팅 사업에서는 벌고 싶은 만큼 벌 수 있습니다. **사업으로 진행하면 로열티, 인세 개념의 권리소득을 받지요.** 제가 성공한 사업가(스폰서)를 만나게 해드리겠습니다. 그분의 철학, 사업 마인드가 어떤지 들어보면 이 사업을 이해하는 데 큰 도움이 될 겁니다.

인류 답변②

사업가는 결단력이 빠르고 정확하던데 사장님도 사업성을 먼저 보시는군요. 네트워크 마케팅은 큰돈뿐 아니라 개인에게 다양한 혜택을 주는 사업입니다. 이 사업성은 검토할 가치가 충분합니다. **네트워크 마케팅은 회사와 개인이 마케팅 계약을 맺고 매출에 따른 수익을 나눠 갖습니다.** 회사는 제품 개발, 시장 개척, 세무, 회계, 택배를 담당하고 개인은 딱 하나 마케팅을 담당합니다. **사업임에도 불구하고 일반 사업에 비해 사장의 역할이 간단합니다.** 그런데 어째서 큰돈을 벌 수 있는가 하면 **제품 홍보, 교육, 팀 구성, 소비자 발굴 등 제품 판매에 중요한 역할을 개인이 하기 때문입니다. 그리고 소비자 유통망을 회사가 아닌 개인이 소유합니다.** 가령 매출에서 제품 원가를 뺀 나머지는 유통에 관여한 개인의 몫입니다. 소비자는 직접 만들 수 있고 소비자를 모집하는 사업자도 마찬가지입니다. 일반 유통에 비유하면 회사와 제품 유통 계약을 맺고 소비자를 직접 만들거나 소비자를 만드는 유통점을 구축할 수 있다는 얘기입니다. 자세한 이야기는 **전문가의 설명을 들어보는 것이 좋을 듯합니다. 저와 함께 회사, 제품, 보상을 검토해보시죠.**

내가 직접 팔아야 합니까?

답변①

아닙니다. 이것은 직접 파는 게 아니라 유통망을 만드는 일입니다. 먼저 이 제품이 팔려나갈 수 있는 제품인지 검토하십시오. 그리고 바꿔 사용하십시오. 제품에 감동을 하면 이 제품에 관심이 있을 만한 분을 소개해주십시오. 그럼 저와 제 팀이 그분께 사업성을 보여드리겠습니다. 사장님과 소개해준 분은 사업성을 검토하면 직접 파는 것보다 유통망을 구축하는 것이 더 유리하다는 것을 직감적으로 알 것입니다. **제품만 쓸 것인지, 제품을 유통할 것인지는 이 정보를 들은 사람이 선택할 일입니다.** 사장님이 먼저 바꿔 사용하고 사람을 소개해주십시오. 수익구조는 저희 쪽 전문가(스폰서)가 다시 설명해드릴 것입니다.

답변②

사업으로 바쁘신 분이 제품을 팔 시간이 있겠습니까? 또 제품을 팔면 얼마나 벌겠습니까? 파는 장사는 사장님께 어울리지 않습니다. 함께 팔자고 사장님을 찾아온 것도 아니고요. 소비자를 만들 수 있는 사업자를 함께 찾아보자는 것입니다. 네트워크 마케팅은 개인이 회사와 마케팅 계약을 맺고 제품 유통권을 허가받습니다. 개인은 이 유통권을

또 다른 사람과 공유할 수 있습니다. 쉽게 말해 제품을 유통하는 사업자와 제품을 사서 쓰는 소비자를 동시에 구축하는 것입니다. 사업 방법과 수익 구조는 본사에 방문하면 전문가(스폰서)가 직접 상담해드릴 것입니다. 스케줄을 잡아주시죠.

거상 **검토해보고 연락드리겠습니다.**

인류 답변① **그럼 검토 자료와 사이트를 알려드리겠습니다. 그것을 보고 직접 네트워크 마케팅 설명회에도 참석해보시죠.** 사장님께서 생각하는 것 이상의 사업성을 보실 겁니다. 언제 다시 오면 될까요?

인류 답변② **어떤 것을 검토해볼 예정인지요? 거기에 맞춰 관련 자료를 드리겠습니다. 혹시 직접 전문가를 만나보겠습니까?** 그럼 검토하는 시간을 단축할 수 있습니다. 거절의 뜻이 아니면 빠른 검토 방법을 선택하는 것이 어떨까요?

거상
네트워크 마케팅이 대충 어떤 것인지 알고 있으니 내가 알아서 하겠습니다.

인류
답변①
무엇을 알아서 하려고 하는지요?

(상대방의 답변을 들은 후)

사장님은 그렇게 생각하시는군요. 그런데 **이 사업에도 규칙이 있습니다. 규칙을 잘 이해할 때 성공적인 사업 진행이 가능합니다.** 제가 속한 팀에는 빠른 성공 방식이 있습니다. 사장님은 그냥 참여해서 함께하면 됩니다. 네트워크 마케팅이 일반 사업과 같은 원리라면 당연히 사장님께 전적으로 맡기겠지만 다른 점이 있기에 그 점을 먼저 알려드리고자 합니다. 빨리 제 팀과 미팅을 함께하시지요. 그럼 이유를 아실 겁니다.

인류
답변②
사장님은 사업을 대충 하는 스타일이 아닌 것으로 알고 있습니다. 저도 사장님과 대충 하려고 사장님께 사업 정보를 알려드리는 것은 아닙니다. 만약 거절의 뜻이라면 분명히 밝혀 주십시오. 그게 아니면 처음에는 회사와 제 팀이 알려드리는 방법을 먼저 숙지하는 것이 현명한 일입니다. 언제 미팅할까요? 성공한 전문가와 함께하는 미팅을 예약하겠습니다.

나는 단순히 돈을 벌기 위해 네트워크 마케팅을 하지는 않을 겁니다.

답변①

맞는 말입니다. 저도 단순히 돈을 벌려고 이 사업을 선택하지는 않았습니다. 네트워크 마케팅 사업은 돈이 자동으로 따라오는 사업입니다. **사업을 배우면서 사업할 수 있고 개인적인 발전이 가능하며 새로운 만남과 다른 사람을 성하게 하는 사업입니다. 또한 추가소득, 재정적 안정은 물론 유산 상속까지 할 수 있는 위대한 사업입니다.** 사장님께 큰 야망이 있다면 이 사업을 적극적으로 검토해야 합니다. 분명 존경받는 사업자가 될 수 있을 것입니다.

답변②

당연히 돈만 버는 사업이 아닙니다. 꿈과 목표가 있는 사람들과 함께하는 사업입니다. 사장님은 다른 업체 사장들을 만나보셨죠? 사장끼리는 뭔가 통하는 것이 있지 않나요? **네트워크 마케팅도 사장들이 함께하는 사업입니다. 각자 유통망을 가진 사장들이 자신의 꿈과 목표를 위해 알아서 움직입니다. 이런 조직이 커질수록 돈은 당연히 따라오며 사장님은 그들에게 존경받는 리더가 될 것입니다.** 네트워크 마케팅에서는 좋은 사람들과 평생 함께할 수 있습니다.

후원한 사람이 성공했을 때 나도 성공하는 수익구조이기 때문입니다. 지금 하고 있는 사업으로 경제적인 자유를 이뤘다면 **시간과 정신적 자유는 네트워크 마케팅이 만들어 줄 것입니다.** 그게 진짜 가능한지 검토해보시죠. 제가 적극적으로 도와드리겠습니다.

거상
내가 네트워크 마케팅을 해서 얻는 이득은 무엇입니까?

인류
답변①

사장님은 어떤 이득이 있어서 지금 하는 사업을 하는 것입니까?

(상대방의 답변을 들은 후)

그러시군요. 그럼 사장님이 일군 사업의 비전은 무엇입니까?

(상대방의 답변을 들은 후)

잘 들었습니다. 그럼 다음에 사장님이 **네트워크 마케팅으로 얻을 수 있는 이득**을 정리해서 뵙겠습니다. 언제 시간을 내주실 수 있습니까?

(다음 미팅 날짜를 받고 돌아온다. 그리고 상대의 답변을

정리한 뒤 네트워크 마케팅과 연결되는 점과 상대가 얻을 혜택을 요약해 다음 미팅에 임한다.)

인류 **답변②**

좋은 질문입니다. 네트워크 마케팅에서는 여러 가지 혜택을 누릴 수 있습니다. 우선 **재정적 안정, 더욱 많은 시간적 여유, 개인적 발전을 누립니다. 또 다른 사람을 돕고 좋은 사람들과 함께하며 경제적 은퇴와 유산 상속이 가능합니다. 특히 재정적 안정을 통해 주변 사람을 성공으로 이끌어줄 수 있습니다.** 일반 사업은 1등만 살아남지만 네트워크 마케팅은 성공을 나누며 살 수 있습니다. 자세한 내용은 전문가와 직접 이야기해보면 이해가 빠를 겁니다. **딱 한 번의 만남으로도 사장님은 네트워크 마케팅으로 누릴 혜택을 알 수 있을 것입니다. 스케줄을 잡아주십시오.** 잘 준비해서 설명해드리겠습니다.

거상 ### 지금 사업이 바빠서 설명회에 참석할 시간이 없습니다.

 인류 답변①
그러시군요. **그럼 주변인 중 사업성 있는 아이템이나 사업을 찾는 분을 소개해주세요.** 그러면 사장님이 시간적 여유를 누리도록 만들어드리겠습니다.

 인류 답변②
언제까지 바쁘실까요? **여유가 있을 때 다시 찾아뵙겠습니다.** 그럼 그때 다시 검토해보죠. 제가 이러는 이유는 사장님이 여유를 갖고 네트워크 마케팅을 검토하면 누구보다 잘하실 거라고 생각하기 때문입니다. 종종 연락드리겠습니다.

 거상 ### 그냥 내가 무얼 해야 하는지 알려주십시오.

 인류 답변①
역시 사업가답게 핵심을 물어보시는군요. **사장님께서 먼저 하실 일은 사용하는 제품을 모두 네트워크 마케팅 제품으로 바꿔 사용하는 것입니다.** 과연 유통이 잘될 제품인지 검토하는 것이지요. 그리고 **신뢰하는 지인 중에서 유통일을 하는 분을 소개해주십시오.** 그분께 사업성을 보여주고 또 다른 분을 소개받겠습니다. 그러다 보면 우리와 함께 사업할 열정적인 분을 찾을 수 있을 것입니다. 분명 멋진 팀이 만들어질 겁니다. 그들과 함께 네트워크 마케팅의 판을 바꿔봅시다.

인류 답변②

바쁘겠지만 딱 한 번만 우리 팀을 만나보시죠. 그들과 함께 사업 진행 방법을 논의한 뒤 가장 빠르고 효율적으로 사업을 진행하는 겁니다. 우리에게는 효율적인 교육 프로그램이 있습니다. 사장님이 저와 함께 이 프로그램을 마스터하면 교육 프로그램을 통해 사업을 복제함으로써 사업 성장이 빠를 것입니다. 첫 단추가 중요합니다.

지금까지 가상 대화 방법을 살펴보았습니다. 물론 경우의 수는 많지만, 보편적인 질문을 정리한 것입니다. 어떤 사람을 만나느냐에 따라 충분히 활용할 수 있는 질문과 답변이므로 이를 기준으로 삼아 실천해보기를 바랍니다. 다음은 성공적인 만남을 위한 팁을 알려드리겠습니다.

NETWORK MARKETING

대화시 성공 확률을 높이는 방법

만날 때 우선순위 정하기

대상별 공감대 이끌어내기

3장 대화시 성공 확률을 높이는 방법

1. 만날 때 우선순위 정하기

만날 때 가장 큰 애로사항은 상대를 만나 '**어떤 이야기를 할 것인가**' 하는 점입니다. 이 부분에 대해서는 이미 방법을 제시했습니다. 그다음 애로사항은 무엇일까요? 바로 **순간적인 선택 능력**입니다. 다시 말하면 대화 중간마다 상대방의 반응을 보고 본인의 행동을 결정하는 일입니다.

어떻게 행동해야 좋은 결과를 이끌어낼 수 있을까요? 여기에 그 행동에 대한 우선순위를 제시하겠습니다.

▎첫째. 세미나(사업설명회) 초대에 집중하십시오.

만남의 목적은 초대에 있습니다. 상대가 직접 보고 듣고 선택할 수 있게 해야 합니다. 초대한 다음 어떻게 할지는 생각하지 마십시오. 그저 생각만 많아질 뿐입니다. 초대가 이루어지면 그 다음은 **전문가(강사와 스폰서)**에게 맡기면 됩니다.

만남, 초대, 전문가 미팅을 '삼위일체'라고 생각하십시오. 하나라도 빠뜨리면 리크루팅에서 성공할 확률이 현저하게 낮아집니다. 상대방을 만날 때는 마지막에 **초대와 전문가 미팅**을 제안하십시오. 일단 초대 일정이 잡히면 스폰서와의 **애프터미팅**을 준비해야 합니다. 스폰서는 당신에게 좋은 결과를 선물할 것입니다.

▎둘째. 초대를 거절하면 제품 체험을 권하십시오.

초대에 실패했다고 낙심한 표정으로 돌아서지 마십시오. 당신에게는 필살기가 있습니다. 네트워크 마케팅 회사에서 배운 제품 체험(데몬스트레이션)을 활용하면 됩니다.

네트워크 마케팅 제품은 효과가 좋기 때문에 사람들의 마음을 사로잡을 만큼 충분한 제품력이 있습니다. 제품 체험 방법을 충분히 숙지해 상대에게 자신 있게 보여주면 제품은 물론 사업에도 관심을 보일 것입니다.

제품 체험은 상대가 이 제품을 사용했을 때 어떤 효과를 누릴 수 있는지, 얼마나 유통이 잘될 것인지 그리고 네트워크 마케팅이 얼마나 사업성이 있는지 보여줍니다. 어떤 사람은 판매를 위해 제품 체험을 활용하는데, 이때 자신의 **마이스토리나 사업성**을 섞으면 훌륭한 **미니 사업설명회**가 될 수 있습니다. 당신의 제품 체험에 몰입하는 상대를 상상해보십시오. 아마 사람을 만나는 것이 즐거워질 겁니다.

▎셋째. <u>직접적인 표현을 하십시오.</u>

당신은 네트워크 마케팅 사업을 알리는 사람입니다. 앞서 가상 대화 방법에서 보았듯 직접적으로 표현해야 합니다. 그래야 다음 단계로 나아갈 수 있습니다.

대화 상대가 "무슨 말씀이죠?"라고 질문하는 것은 상대방이 당신의 말을 잘 이해하지 못했다는 의미입니다. 당신 자신을 잘 보십시오. 말하는 것을 두려워하고 있지 않은지 말입니다. 머뭇거리거나 이미 한 말을 또 하고 있지 않은지 잘 보십시오. 거절당하지 않으려고 돌려서 이야기하고 있지 않은지도 살피십시오.

오히려 **당당한 모습이 상대에게 좋은 인상을 남깁니다.** 그래야 다음에도 만나기가 좋습니다. 네트워크 마케팅을 자신 있게 전달하십시오. '**초대하겠다.**', '**제품 체험을 해보자.**'라는 말을 하는 것이 리크루팅 확률을 높이는 지름길입니다.

▎넷째. 다음 약속을 반드시 잡으십시오.

초대란 다음 약속을 잡는 것입니다. 만약 초대나 제품 체험을 거절한다면 다음에 다시 만날 여지를 만들어야 합니다. 그러면 만남을 다시 할 수 있습니다. 만남을 끝내고 헤어질 때 "**다음에 뵙겠습니다**"라는 말을 꼭 하십시오. 상대의 입에서 "네"라는 말이 나오면 다음에 또 가면 됩니다. 의례적인 인사와 답이라고 생각할지도 모르지만, 다음 방문을 거절한 것이 아니므로 본인의 의지만 있다면 다시 가서 만날 기회를 만든 셈입니다.

더 적극적인 행동은 "**다음에 언제 만날까요?**"라고 묻는 것입니다. 정확한 날짜를 물어보는 것이므로 상대방은 승낙과 거절 중 정확한 선택을 할 것입니다.

다음 약속을 잡는 것은 성공률을 높이는 과정이므로 이같이 명확한 질문과 행동을 하십시오.

사람은 세 가지를 제시하면 반드시 마지막 한 가지는 미안해서라도 승낙한다고 합니다. **초대를 거절하면 제품 체험을 권하고, 제품 체험을 거절하면 다음에 다시 만나자고 말씀하십시오. 그러면 "알겠습니다"라는 대답을 들을 것입니다.** 옛말에 '백 번 찍어 안 넘어가는 나무 없다'는 속담이 있습니다. 지속적인 만남은 리크루팅 성공 확률을 높여줍니다.

2. 대상별 공감대 이끌어내기

만남에서 '**공감대 형성**'은 매우 중요한 부분을 차지합니다. 이것은 쉽게 말해 **내가 상대의 입장이 되어 공감을 이끌어내는 것입니다.** 다음은 대상별로 공감대를 이끌어내기에 가장 좋은 내용을 서술한 것입니다. 잘 숙지해 만남시 최대한 활용하기를 바랍니다.

1) 가정주부

여성은 남성보다 더 다양한 인생 변화를 겪습니다. 결혼 전까지는 남성과 같은 경제생활을 영위하며 동등하게 살아가지만,

결혼하면 가정을 우선시하는 경우가 많습니다. 평생에 걸쳐 경제활동에 전념하는 남성과 달리 여성은 많은 경우 결혼한 후 수동적으로 변합니다.

그 대표적인 사례가 가정주부입니다. 많은 여성이 결혼하고 아이를 낳은 뒤 선택의 갈림길에 섭니다. 아이를 맡기고 경제활동을 지속할지, 아니면 남편과 자녀의 뒷바라지를 할지 고민하다가 자의 반 타의 반 선택을 하지요. 이때 후자를 선택하면 가정주부가 되는 것입니다. 그런데 집안 경제를 주도하는 가정주부는 남편 못지않게 중책을 맡고 있지만 생각만큼 대우받지 못하는 것이 현실입니다.

첫애가 어느 정도 자라면 여성은 두 번째 선택의 갈림길에 섭니다. 그것은 다시 경제활동을 시작할 것인가, 아니면 둘째 아이를 낳을 것인가 하는 선택입니다. 가정경제가 어려워 여성이 직업전선에 뛰어들어야 하는 상황이 아니라면 대부분 후자를 택합니다. 그러면 가정주부로 보내는 기간이 적어도 10년이 넘고 어느덧 40대 초중반이 됩니다.

아이들이 스스로 선택하고 활동할 줄 아는 10대가 되면 가정주부는 한숨을 돌립니다. 항상 아이들과 함께 있다가 혼자만의 시간 여유가 생기는 것입니다. 그때쯤 많은 여성이 경제활동을 시도합니다. 아이들의 양육비와 가정경제에 조금이라도 기여하고자 취업 문턱을 기웃거리는 것입니다. 가슴 깊은 곳에는 개인적인 발전에 대한 욕구도 많습니다. 결혼 전에는 시간적, 경제적으로 자유로운 편이었는데 결혼 후 가정에 발이 묶여 10년 이상을 살아온 삶이 허무하기도 합니다.

40대를 훌쩍 넘은 가정주부는 대부분 과거의 전공을 살려 취업하는 것이 쉽지 않습니다. 그래서 많이 취업하는 곳이 노동을 필요로 하는 마트의 캐셔나 도우미 등입니다. 물론 전문직에 종사했던 여성은 재취업이 수월한 편이지만 극히 소수에 불과합니다.

네트워크 마케팅은 이런 많은 평범한 가정주부에게 훌륭한 경제활동 기회를 제공합니다. 네트워크 마케팅은 큰 투자가 필요 없고 시간 선택이 자유로우며 평소에 그들이 즐겨 사용하는 제품을 다루는 일이기 때문입니다. **특히 자기 발전에 목말라하는 여성에게 좋은 경험이 될 수 있습니다.**

가정주부에게 네트워크 마케팅의 개념을 정확히 전달할 수 있다면 그들의 인생 중반이 행복한 시간으로 채워질 것입니다. 네트워크 마케팅은 다음과 같은 이유로 그들에게 동기를 부여합니다.

| 첫째. 네트워크 마케팅의 개념을 이해하면 합리적인 소비 패턴이 생기고 가정경제에 도움을 줄 수 있습니다.

많은 사람이 네트워크 마케팅을 판매를 잘해야 성공하는 일로 알고 있지만 이는 개념을 정확히 이해하지 못한 결과입니다. 네트워크 마케팅은 작게 시작해 크게 성공할 수 있는 일이며 제품을 판매하는 것이 아니라 바꿔 쓰는 일입니다. 즉, 품질이 좋고 합리적인 가격대로 구성된 네트워크 마케팅 제품을 내가 먼저 바꿔 쓰고 타인도 바꿔 쓰게 하는 것입니다. 한마디로 **입소문을 잘 내는 주부들에게 유리한 사업입니다.**

| 둘째. 진정한 자기 계발을 실현하는 장입니다. 네트워크 마케팅은 평범한 사람을 리더로 만들어줍니다.

특히 성공적인 사업 진행을 위한 성공 시스템이 준비되어 있는데 이것은 다양한 내용을 담고 있습니다. 가령 독서 습관으로 견문을 넓히고 트레이닝을 통해 대화 능력을 향상시키며 회사가 정한 목표 달성에 따른 포상제도 등이 있습니다. 이러한 자기계발 프로그램으로 평범한 주부가 많은 사람 앞에서 강의를 하고 존경받는 사업가가 되며 세계를 이웃집처럼 여행합니다. 온종일 반복되는 일과에서 소소한 재미를 찾던 주부도 네트워크 마케팅을 만나 잊고 살던 꿈을 실현해 인생의 참맛을 느끼고 있습니다.

알차게 제공하는 자기 계발 프로그램을 구체적으로 보여주면 그들은 묻어두었던 꿈을 되찾고 새로운 희망과 활력을 갖게 될 것입니다.

| 셋째. 네트워크 마케팅의 장점은 분위기에 약한 여성의 감성을 자극합니다.

그만큼 네트워크 마케팅을 통해 꿈에 그리던 라이프 스타일을 누릴 수 있습니다. 우선 결혼 전에 일터에서 당당했던 자신의 모습을 되찾습니다. 또한 직원이 아닌 사장(독립 사업자)으로서 스스로 선택하고 결정하는 자유를 누립니다. 사람들의 로망인 여행을 가족과 평생 즐길 수 있습니다. 한마디로 **네트워크 마케팅은 비전 있는 '커리어 우먼'이 될 멋진 기회입니다.**

이 모든 내용을 구체적으로 알려주십시오. 하나, 둘 이해가 가면 그들은 무리 지어 적극적으로 움직일 것입니다. 바로 여기서 대한민국 아줌마 특유의 파워가 생깁니다.

2) 직장인

 안정적이라고 알고 있지만 절대 안정적이지 않은 사람, 죽을 만큼 일하고 죽지 않을 만큼 돈을 버는 사람이 바로 직장인입니다.

 20세기에 직장은 한 사람의 평생을 보장했고 한 가족의 생계를 담보할 만한 소득을 안겨주었습니다. 그러나 IMF를 거쳐 21세기에 접어들자 평생직장은 사라졌고 한 가족이 아닌 한 사람에게 맞는 소득을 주고 있습니다. 그래서 직장인은 힘이 듭니다.

 과학이 발달하고 경제 전반에 로봇과 인공지능이 속속 등장하면서 사람들이 일할 자리가 줄어들고 있습니다. 고용 없는 성장은 이미 몇 년 전부터 누구나 아는 상식이 되었고 이태백(20대 태반이 백수), 삼포세대(연애, 결혼, 출산을 포기하는 세대)란 신조어가 암울한 현실을 보여주고 있습니다.

 고인 물은 썩는 법입니다. 변화하지 않으면 도태되어 사라지고 맙니다. 그럼에도 불구하고 현실에 안주해 월급에 기대는 직장인들은 변화를 두려워합니다. 매달 꾸준히 들어오는 월급은 자신을 보호하는 보호막 같지만 결국 그 수입 안에서만 버텨야 할 뿐입니다. 그것을 왜 인식하지 못하는 걸까요? 월급은 그저 부와 경제를 주도하는 부자들이 놓은 덫에 불과합니다.

네트워크 마케팅은 불안한 직장인들에게 진정한 안정을 가져다줍니다. **자기 사업을 할 수 있고 원하는 삶을 살게 해줍니다.** 그 이유를 구체적으로 보여주십시오.

다음은 직장인이 동기를 부여받아 행동할 수 있게 만드는 방법입니다.

▮ <u>첫째. 직장인의 경제생활 그래프를 보여주고 대화를 나눕니다.</u>

일반적인 성인 남자는 27세 이후, 여성은 25세 이후에 경제생활을 시작합니다. 대부분 30세부터는 직장생활을 하며 돈을 법니다. 30대 초반에 결혼한다고 가정하면 60세 정도에 은퇴합니다. 그러나 평균 수명이 80세가 넘고 100세 보험이 나온 것을 보면 겨우 인생의 반을 산 셈입니다.

결국 약 35년 동안 벌어 40년 이상을 먹고 살아야 합니다. 언뜻 봐도 돈을 버는 기간보다 돈을 쓰는 기간이 더 깁니다. 더 막막한 것은 돈을 버는 35년 동안 쓸 일이 많다는 사실입니다. 기본 생활비는 물론 자녀 양육비와 교육비, 결혼 비용을 고려하면 저축할 돈은 거의 없습니다. 이것이 직장인을 포함해 평범한 사람들의 인생 그래프입니다. 미래가 암울할 뿐입니다.

그래서 지금부터 미래를 준비해야 합니다. 최대한 투자 없이 사이드 잡이나 더블 잡으로 시작해 안정적인 소득을 만드는 일을 찾아야 합니다. 그런 일은 극히 드물지만 하나를 추천하자면 네트워크 마케팅 사업이 있습니다.

네트워크 마케팅 사업을 하면 개인이 회사 시스템을 활용해 자신의 유통망을 만든 다음, 평생 지속적이고 안정적인 소득을 받을 수 있습니다. **네트워크 마케팅은 판매처럼 혼자 하는 것이 아니고 팀과 함께하는 팀 비즈니스입니다.**

상대가 이 설명을 듣고 호기심을 보이면 바로 사업설명회에 초대해 사업과 팀을 보여주십시오.

┃ 둘째. 상대가 원하는 라이프 스타일을 물어봅니다.

아래의 표에서 볼 수 있듯 세상에는 네 가지 라이프 스타일이 있습니다.

	시간	돈
유형 1	×	×
유형 2	○	×
유형 3	×	○
유형 4	○	○

표에 나와 있는 네 가지 스타일 중에서 당신은 어떤 삶을 살고 싶습니까? 당연히 마지막에 있는 돈과 시간적 여유가 있는 삶일 것입니다.

지금 원하는 삶을 살고 있습니까? 원하는 삶을 살려면 어떻게 해야 할까요? 지금 당장 방법이 없다면 경제 전문가들이 추천하는 방법을 알아보십시오.

그들이 추천하는 방법은 시간을 투자해 소득을 작게 시작하는 것입니다. 이 방법은 투잡으로도 가능하며 입증된 시스템과 제휴해 자신의 유통망을 만들 수 있습니다. 그 유통망을 통해 권리소득을 만들면 그 소득은 유지하는 것을 넘어 점점 증가합니다. 작게 시작하지만 크게 성공할 수 있는 사업이 바로 네트워크 마케팅 사업입니다.

  모든 고정관념과 선입견을 내려놓고 사업성을 검토한다면 네트워크 마케팅이 개인에게 얼마나 큰 혜택을 주는지 알 것입니다. 네트워크 마케팅은 직장인의 로망인 안정성과 평생 직업을 선물해줍니다.

  이러한 내용을 구체적으로 알려주십시오. 하나, 둘 이해가 가면 그들은 스스로 네트워크 마케팅을 미래를 준비하는 도구로 선택할 것입니다.

3) 자영업자와 전문가

　자영업자와 전문가도 직장인 못지않게 빈곤을 겪는 시대입니다. 통계에 따르면 우리나라 자영업자의 비율은 OECD 국가 중 2위로 성인을 기준으로 다섯 명 중 한 명이 자영업을 하고 있습니다. 전문가인 의사, 변호사 수도 갈수록 늘어나 병원과 변호사가 넘쳐나고 있습니다. 일자리는 한정되어 있기 때문에 살아남기 위한 이들의 경쟁은 날이 갈수록 치열해지고 있습니다.

　이들은 돈을 더 벌기 위해 자신의 능력을 믿고 직장생활을 뛰쳐나온 사람들입니다. 그러나 직장에서 자신의 가게로 장소만 바꿨을 뿐이지 창살 없는 감옥은 매한가지입니다. 오히려 불안한 소득구조 때문에 많은 자영업자가 하루라도 편한 날이 없습니다.

　자영업자와 전문가는 자신을 고용해 시간과 능력을 돈과 맞바꾸고 있습니다. 직장인과의 차이점은 타인 밑에서 일하는가, 아니면 자기 가게에서 일하는가 하는 점뿐입니다. 결국 자신의 시간과 능력을 돈과 맞바꾸는 것은 똑같습니다. 또한 이들은 연

약한 자기 몸이 시스템이기 때문에 몸이 아프거나 나이가 들어 기력이 쇠하면 그날로 소득은 사라집니다. 아무리 돈을 많이 벌어도 자신이 일터에 없으면 소득이 끊기는 것은 당연합니다.

요즘은 자영업자와 전문가들 사이에 "그래도 직장생활이 낫더라."는 자조 섞인 말이 나오고 있는데, 이는 자영업의 냉정한 현실을 보여 줍니다. 현 상황에서 이들에게 과연 희망이 있을까요? 어떻게 동기부여를 해야 이들이 좋은 방향으로 움직이게 할 수 있을까요?

그 열쇠는 사업에 대한 재인식에 있습니다. 진짜 능력이 탁월하거나 운이 좋은 직장인은 자신의 일을 시작하여 돈을 많이 벌 수 있습니다. 그럼 그때 그들은 생각합니다. 자신이 멋진 사업을 하고 있다고… 그러나 그건 큰 오산입니다. 사업가는 돈만 많이 번다고 사업가가 아니라 돈을 버는 완벽한 시스템을 갖고 있는 사람입니다. 요즘은 조그마한 가게를 하나 차려도 사장이라고 부르니 다 같은 사장이라 쉽게 생각할지 모르지만 진정한 사업체의 사장은 시스템을 통해 시간적 경제적 자유를 갖고 있습니다. 그럼 이런 사장이 되려면 어떻게 하면 될까요?

여기서 첫 번째로 자영업자와 전문가에게 알려줄 정보가 있습니다. 바로 진정한 사장이 되기 위한 자격 요건입니다. 그 자격 요건은 다음과 같습니다.

> - 능력이 월등히 좋아 대기업 같은 돈 버는 시스템을 만든다.
> - 돈이 넘쳐나 돈 버는 시스템을 산다.
> - 배우는 입장에서 세계적으로 입증된 회사와 제휴한다.

위의 세 가지가 자영업자와 전문가가 시간적, 경제적 자유를 얻는 방법입니다. 그러면 하나씩 살펴봅시다.

첫째. 돈 버는 시스템을 만듭니다.

과연 우리나라에 삼성을 일군 이건희 회장 같은 사람이 몇 명이나 있을까요? 많은 자영업자와 전문가 중에서 몇 %나 성공 시스템을 만들 수 있을까요? 물어보면 대다수가 "나는 못해"라고 말할 것입니다.

둘째. 돈 버는 시스템을 삽니다.

여기서 가장 중요한 것은 '돈'입니다. 돈이 몇십억도 아니고 최소 몇백억은 있어야 요즘 잘나가는 프랜차이즈를 2~3개 사서 운영할 수 있습니다. 이것 또한 우리나라 사람의 몇 %에게나 가능한 일일까요? 태반이 "나는 못 사"라고 말할 것입니다.

▌셋째, 세계적으로 입증된 회사와 제휴합니다.

여기서 '제휴'란 회사와 개인이 제각각 투자하는 것을 말합니다. 즉, 회사는 제품과 서비스를, 개인은 능력을 투자합니다. **회사는 제품 개발, 시장 개척, 세무, 회계, 택배 등을 마케팅에 투자하고 개인은 자신의 시간과 능력을 투자해 매출을 올리고 수익을 나눠 갖습니다.**

첫째와 둘째를 선택하는 것이 힘들다면 당연히 셋째를 선택할 수밖에 없지요. 진짜 정답은 셋째를 선택하되 성공이 입증된 회사와 제휴하는 것입니다. 그런 시스템을 제공하는 곳이 바로 **네트워크 마케팅 회사**입니다.

네트워크 마케팅 사업을 하기 위해 큰돈을 투자해야 하거나 뛰어난 능력을 갖춰야 하는 것은 아닙니다. 단지 배우는 자세로 시간과 노력을 지속적으로 투자하면 됩니다. 일반 사업처럼 돈을 버는 시스템이지만 그 방법이 다르므로 그것을 받아들이는 배움의 자세가 중요합니다.

시간적, 경제적 자유를 원하는 자영업자와 전문가라면 기존의 스타일을 과감히 버리고 배우는 자세로 시스템과 제휴해 사업에서 성공할 수 있습니다. 많은 자영업자와 전문가가 시간적, 경제적 자유를 위해 B 사분면을 선택하고 있습니다. 하지만 진정으로 B 사분면 사업가가 되려면 **기존의 가치관(자신의 능력 중시)**을 버리고 **배움과 믿음**을 실천해야 합니다. 어찌 보면 **가치관을 바꾸는 것은 쉬운 일이며 이는 배우려는 의지와 지속적인 교육 참여로 가능합니다.**

이러한 내용을 구체적으로 알려주십시오. 하나, 둘 이해가 가면 그들은 스스로 고정관념과 선입견을 버리고 네트워크 마케팅 사업에 진입할 것입니다.

4) 사업가 (네트워크 마케팅 사업의 여섯 가지 혜택)

우리나라에서 진짜 사업가는 몇 %에 불과한 대단한 사람들입니다. 그들은 어느 정도 돈을 벌고 있고 최소 1~2개 이상의 사업체를 소유하고 있습니다. 그런데 이들은 사업체를 얼마나 오래 유지할 수 있는가를 두고 밤낮으로 고민하고 또 고민합니다.

이들은 수험생 이상으로 공부하고, 노동자 이상으로 일합니다. 누구보다 일찍 출근하며 온종일 가장 많이 일합니다. 자기 사업체를 소유하는 것은 대외적으로 부러움의 대상이지만 내적으로는 끝없는 고민거리입니다. 과연 이들에게 네트워크 마케팅은 어떤 혜택을 줄 수 있을까요? 그 혜택은 다음과 같습니다.

- 경쟁 없는 재정적 자유
- 보다 많은 시간적 여유
- 개인적인 발전
- 다른 사람을 도와줌
- 은퇴(경제적)
- 유산 상속

위의 여섯 가지가 네트워크 마케팅 사업이 사업가들에게 주는 혜택입니다. 구체적으로 얘기하자면 이렇습니다.

▌첫째, 경쟁 없는 재정적 자유는 사업가의 꿈이지만 일반 사업에서는 현실적으로 힘든 일입니다.

비즈니스 세계에서 경쟁은 필수입니다. 내가 아니면 모두가 적이고 1등만 살아남는 자본주의 원칙이 철저히 적용됩니다. 반면 네트워크 마케팅 사업은 경쟁이 아닌 상생의 개념입니다. 상대를 도와주고 성공시키는 것이 내가 살고 성공하는 길입니다. 이 원리를 잘 따르면 재정적 자유를 경험합니다. 통계에 따르면 어느 지역에서는 개인사업자 중 세금을 많이 내는 사람의 순위에서 네트워크 마케팅 사업자가 상위에 올라 있다고 합니다.

▌둘째, 보다 많은 시간적 여유는 네트워크 마케팅 사업이 주는 최고의 혜택입니다.

많은 사업가 중에서도 시간의 자유는 극소수의 사업가만 누리고 있습니다. 사업가는 보통 치열한 경쟁 속에서 발전 아니면 도태라는 생각으로 직원보다 몇 배 더 일합니다. 따라서 경제적 여유는 있지만 스스로 시간적 여유를 갖지는 못합니다. 반대로 네트워크 마케팅 사업은 시간적 여유를 누릴 수 있는 구조입니다. 나와 같은 열정적인 사업자를 만들어내면 그룹이 커지면서 안정을 이룹니다. 목표가 같은 팀이 만들어지기 때문에 은퇴가 가능하며 은퇴 후에는 당연히 시간적 여유가 생깁니다. 일반 사업과 달리 네트워크 마케팅에서는 많은 사업자가 시간적 여유를 누리고 있습니다.

▍셋째. 개인적인 발전은 네트워크 마케팅 사업과 일반 사업의 공통점입니다.

그러나 그 특징은 서로 다릅니다. 개인의 발전이 곧 사업의 흥망성쇠를 좌우하는 일반 사업에 비해 네트워크 마케팅에서 개인적인 발전은 옵션에 속합니다. 다시 말해 일반 사업에서 사장은 하나이고 그 이하가 상무, 이사 같은 직원들이기에 사장이 똑똑하지 않으면 기업이 흔들리거나 사장의 자리를 후배에게 물려주어야 합니다. 하지만 네트워크 마케팅은 독립 사업자들이 모인 팀이므로 각자의 역량이 부족해도 팀을 이해할 경우 동반 발전이 가능합니다.

┃넷째. 네트워크 마케팅 사업은 다른 사람을 돕는 것이 곧 나를 돕는 길입니다.

물론 일반 사업에서도 다른 사람을 도와야 합니다. 그러나 그것은 어디까지나 내 목표를 위해 돕는 것입니다. 내 목표와 맞지 않는 도움은 있을 수 없습니다. 내게 이득이 없는 도움은 철저히 배제합니다. 반면 네트워크 마케팅은 내 목표를 상대의 성공에 맞춰야 내가 성장하는 원리입니다. 각자의 능력보다 팀워크를 발휘할 때 최고의 보상을 얻기 때문입니다. 그래서 네트워크 마케팅 사업을 통해 동반성장이 어떤 것인지 확실히 경험할 수 있습니다.

┃다섯째. 네트워크 마케팅 사업은 은퇴 시점을 내가 선택할 수 있습니다.

원하는 소득에 도달하거나 나를 대신해서 그룹을 키울 수 있는 리더를 만나면 은퇴가 가능합니다. 다시 말해 마니아에 의해 자신의 유통망이 자동으로 유지되면 지속적인 소득을 올리므로 언제든 은퇴가 가능합니다. 일반적인 사업에서 은퇴는 직급을 내려놓고 일선에서 물러나는 것이지만 네트워크 마케팅에서 은퇴는 직급을 유지하면서 일하지 않아도 되는 것을 의미합니다.

▍여섯째. 네트워크 마케팅에서는 유산 상속이 가능합니다.

여기서 유산이란 그동안 열심히 구축한 유통망으로 그것은 자녀에게 상속할 수 있습니다. 일반 사업이 자녀를 사장 자리에 앉히는 것과 같은 개념입니다. 물론 다소 차이점이 존재합니다. 네트워크 마케팅은 부모가 이미 안정적인 유통망을 구축한 것이므로 상속받는 자녀의 능력이 크게 중요하지 않습니다. 부모의 소득을 물려받기 위해 부모 대신 그 자리에 위치할 뿐입니다. 상속받은 자녀는 사업을 적극적으로 하지 않아도 소득이 유지 및 증가합니다. 일반 사업에서는 상속자가 능력이 되지 않으면 기업체보다 유형의 자산인 건물이나 주식 등을 상속합니다.

어떤 부모는 장애인인 자녀에게 상속해주려고 네트워크 마케팅을 한다고 합니다. 자신들이 사망한 후에도 장애인인 자녀가 경제적 자유를 누릴 거라는 확신 때문에 네트워크 마케팅을 선택한 것입니다. 일반 사업이었다면 활동에 제약이 있기에 부동

산이나 주식을 상속해줄 수밖에 없을 겁니다.

이러한 내용을 구체적으로 알려주십시오. 호기심을 자극하면 그들은 스스로 알아서 검토하고 움직입니다. 자발성이 강한 사업가들은 당신의 팀에 큰 활력소가 될 것입니다.

네트워크 마케팅의 **실전 대화법**

소비자는 바보가 아니다

마치며

이제 만남을 두려워하지 마십시오. 이 책을 활용하여 열심히 만나면 좋은 결과가 있을 것입니다.

두려움은 무지에서 나옵니다. 그 무지를 이 책이 어느 정도 해소해주었을 것이라 생각합니다.

만남으로 시작해 만남으로 끝나는 네트워크 마케팅에서 만남이 잘되면 사업이 재미있고 사업을 즐길 수 있습니다.

물론 접촉에는 정답이 없지만, 기초 지식은 존재합니다. 이 책에서 말하는 여러 실전 방법은 기초 지식입니다. 여기에 당신의 경험을 접목하십시오. 그러면 대단한 노하우가 만들어질 것입니다.

당신은 접촉의 달인이 될 수 있습니다. 그다음에는 함께 하는 후배 사업자가 당신을 보고 배울 것입니다. 그 과정을 통해 그룹이 커지고 사업이 안정을 이룰 것입니다.

네트워크 마케팅을 선택한 모든 사람이 만남의 문턱에서 좌절하거나 포기하지 않기를 바랍니다. 네트워크 마케팅 사업으로 모두가 성공하는 그날을 기원합니다.

이 책을 토대로 많은 네트워크 마케팅 사업자가 더욱더 사업에 매진하기를 바랍니다.

소비자는 바보가 아니다

초판 1쇄 발행 | 2016년 4월 25일
1판 2쇄 인쇄 | 2016년 6월 20일
출판등록번호 | 제2015-000155호
펴낸곳 | 도서출판 라인
지은이 | 도서출판 라인 기획팀

발행인 | 정 유 식
기 획 | 정 유 식
디자인 | 안 지 영

잘못된 책은 바꿔드립니다.
가격은 표지 뒷면에 있습니다

ISBN 979-11-87311-00-3

주소 | 서울시 강남구 대치4동 889-5 샹제리제빌딩
전화 | 02-558-1480
팩스 | 02-558-1440
메일 | spm7410@naver.com

Copyright ⓒ 2015 by 도서출판 라인
이 책은 도서출판라인이 저작권자와의 계약에 따라 발행한 것이므로 본사의 서면
허락 없이는 어떠한 형태나 수단으로도 이 책의 내용을 이용하지 못합니다.